Metropolen des Weltmarkts

Der Standort Stadt hat ausgedient – so eine gängige These der neueren Wirtschaftstheorie. Wenn die ganze Welt zum global village wird, spielt es keine Rolle mehr, wo sich die Multimedia-Industrien ansiedeln.

Saskia Sassen zeigt, daß davon keine Rede sein kann. Die führenden Wirtschaftssektoren – das Finanz- und das hochspezialisierte Dienstleistungsgewerbe – konzentrieren sich wesentlich in den größten Städten der Welt. Diese global cities fungieren als Steuerungs- und Kontrollzentralen der über den ganzen Globus verteilten Wirtschaftsaktivitäten. Gerade die fortschreitende Zersplitterung der Produktionsprozesse bedarf zentralisierter Managementfunktionen, und diese Funktionen brauchen einen konkreten Standort: die Stadt.

Indem die Autorin sich darauf konzentriert, daß Informationen und ihre Verbreitungstechniken industriell hergestellt werden müssen, kommt ihr auch der ganze Komplex schlechtbezahlter Jobs in den Blick, ohne den dieser Sektor nicht existieren könnte. So entstehen inmitten der großen Städte immer neue entwertete Stadtteile, in denen sich eigene, vor allem von Immigranten geprägte Alltagskulturen entwickeln.

Saskia Sassen schließt eine Lücke der herkömmlichen urbanistischen Diskussion, indem sie die Metropolen nicht unter nationalstaatlichen Gesichtspunkten diskutiert, sondern eine konsequente internationale Perspektive entwirft.

Saskia Sassen ist Professorin für Stadtplanung an der Columbia University in New York.

Saskia Sassen

Metropolen des Weltmarkts

Die neue Rolle der Global Cities

Aus dem Englischen von Bodo Schulze

Campus Verlag
Frankfurt/New York

Die Originalausgabe *Cities in a World Economy* erschien 1994 bei Pine Forge Press,
Thousand Oaks, Ca.

Copyright © 1994 by Pine Forge Press

Die deutsche Ausgabe wurde im Einvernehmen mit der Autorin gegenüber der englischen
Ausgabe um sämtliche Tabellen gekürzt. Die statt dessen beigefügten Illustrationen stehen
in keinem unmittelbaren Zusammenhang mit der textlichen Darstellung.

Redaktion: Susanne Heeg, Berlin

Die Deutsche Bibliothek – CIP-Einheitsaufnahme

Sassen, Saskia:
Metropolen des Weltmarkts : die neue Rolle der Global Cities /
Saskia Sassen. Aus dem Engl. von Bodo Schulze. – 2. Aufl. –
Frankfurt/Main ; New York : Campus Verlag, 1997
Einheitssacht.: Cities in a world economy <dt.>
ISBN 3-593-35459-4

2. Auflage 1997

Umschlaggestaltung: conceptdesign, Offenbach
Satz: Leingärtner, Nabburg
Gedruckt auf säurefreiem und chlorfrei gebleichtem Papier.
Printed in Germany

Inhalt

Vorwort 9
Danksagungen 13

1
Raum und Produktion in der globalen
Ökonomie 15

2
Die wirtschaftliche Globalisierung
und ihre Auswirkungen auf die Stadt 28

Die heutige globale Ökonomie 30
  Die Geographie 30
  Die Zusammensetzung 32
  Das institutionelle Gefüge 34

Strategische Orte 37
  Global Cities 39
  Offshore-Bankenzentren 43

Schlußbemerkung: Nach der Pax Americana 47

3
Neue Ungleichheiten zwischen den Städten 49

Die Auswirkungen auf die primate urban systems
am Beispiel Lateinamerika und der Karibik 50

Die Auswirkungen auf die balanced urban systems
am Beispiel Europa 57

Transnationale Städtesysteme 68

Schlußbemerkung: Städtewachstum und seine vielfältigen
Bedeutungen 72

4
Die neue urbane Ökonomie: die Durchdringung von globalen Prozessen und Raum 75

Die unternehmensorientierten Dienstleistungen 78

Die Formierung eines neuen Produktionskomplexes 89
Der Dienstleistungsbedarf transnationaler Konzerne 93
Konzernzentralen und Städte 95

Die Auswirkungen der Finanzkrise Ende der achtziger Jahre
auf die Funktionen von Global Cities: der Fall New York 98

Schlußbemerkung: Städte als postindustrielle
Produktionsstandorte 102

5
Die neue urbane Ökonomie: Probleme und Fallstudien 104

Die Entwicklung der Funktionen von Global Cities:
der Fall Miami 105

Die zunehmende Dichte und Spezialisierung von Funktionen
in Finanzzentren: der Fall Toronto 112

Die Konzentration der Finanzfunktionen in einem weiten Land:
der Fall Sydney. 118

Globalisierung und Konzentration: die Dynamik führender
Finanzzentren 123

Die Raumökonomie des Zentrums 129

Schlußbemerkung: Konzentrationsprozesse
und die Neudefinition des Zentrums 132

6
Neue Ungleichheiten innerhalb der Städte 135

Veränderungen in der Organisation des Arbeitsprozesses. . . . 137
  Die informelle Ökonomie 144

Die Einkommensverteilung in einer von Dienstleistungen
geprägten Wirtschaft. 146
  Die Zunahme niedrigbezahlter Jobs in Japan. 149
  Die Restrukturierung der städtischen Konsumformen 153

Schlußbemerkung: Die Kluft wird tiefer 156

7
Eine neue Geographie von Zentrum und Rand . . 161

Der Ort des Peripheren. 163

Ein umkämpfter Raum 165

Literatur 171

Vorwort

Die Soziologen haben sich bei ihrer Analyse der Städte bisher entweder auf die Ökologie der urbanen Formen und die Verteilung von Bevölkerung und institutionellen Zentren oder auf die Menschen und die verschiedenen sozialen Gruppen, auf ihre Lebensstile und auf städtische Probleme konzentriert. Diese Ansätze sind nicht mehr ausreichend. Die Globalisierung der Wirtschaft und die damit einhergehende Entstehung einer globalen Kultur hat die soziale, wirtschaftliche und politische Realität der Nationalstaaten, der länderübergreifenden Regionen und der hier thematisierten Städte grundlegend verändert. Ich begreife die Stadt als einen spezifischen Schauplatz globaler Prozesse und möchte mit diesem neuen Konzept zum besseren Verständnis dessen beitragen, wie sich das Globale und das Lokale in der Welt von heute und morgen miteinander verschränken.

Ich möchte in diesem Zusammenhang an Janet Abu-Lughod erinnern, eine führende Stadtsoziologin, die einmal bemerkte, man könne die Stadt unmöglich unter einem ausschließlich soziologischen Blickwinkel untersuchen, da ein angemessenes Verständnis die Einbeziehung zahlreicher anderer Wirklichkeitsbereiche erfordere. Und Manuel Castells, ebenfalls ein bedeutender Stadtsoziologe, fügte hinzu, man dürfe die Stadt nicht nur aus einer städtischen Perspektive untersuchen. Beide Bemerkungen weisen auf eine Leerstelle innerhalb der Stadtsoziologie hin, mit der ich mich in diesem Buch beschäftigen möchte.

Obwohl das internationale Wirtschaftssystem schon seit geraumer Zeit und die Weltwirtschaft bereits seit vielen Jahrhunderten existiert, unterscheidet sich die heutige Situation doch in zweifacher Hinsicht grundlegend von der Vergangenheit. Einerseits haben sich im Hinblick auf Wirtschaftstätigkeiten transnationale Räume herausgebildet, die dem staatlichen Einfluß fast völlig entzogen sind – ganz im Gegensatz etwa zum Bereich des internationalen Handels. Beispiele für solche Räume sind die exportorientierten Produktionszonen, die Offshore-Bankenzentren und ein gut Teil der neuen globalen Finanzmärkte. Und andererseits sind diese transnationalen Räume der Wirtschaftstätigkeit innerhalb nationaler Hoheitsgebiete angesiedelt und unterliegen den gesetzlichen Regelungen souveräner Nationalstaaten. Die globale Ökonomie existiert nicht »irgendwo da draußen« außerhalb der Nationalstaaten. Die derzeitige Phase der Weltwirtschaft ist vielmehr dadurch gekennzeichnet, daß sich die transnationalen Räume innerhalb der nationalen Territorien befinden. Um diese neue Konfiguration von früheren Formationen wie den alten Kolonialreichen oder dem internationalen Wirtschaftssystem der unmittelbaren Nachkriegszeit zu unterscheiden, in denen der internationale Handel, der Kapitalexport und die Finanzmärkte entscheidend durch staatliche Regulation geprägt waren, hat sich allmählich der Begriff »globale Ökonomie« durchgesetzt.

Um zu verstehen, wie sich globale Prozesse in nationalen Hoheitsgebieten verorten, brauchen wir neue Konzepte und neue Forschungsansätze. Ein solches neues Konzept ist die »Global City«. Es fruchtbar zu machen, bedarf empirischer Studien, die am Schnittpunkt von Makroanalyse und Ethnographie ansetzen. Der Begriff der globalen Stadt geht davon aus, daß sich globale Prozesse – von der Entstehung globaler Finanzmärkte bis hin zum raschen Wachstum der Auslandsdirektinvestitionen – anhand der besonderen Formen untersuchen lassen, in denen sie sich an bestimmten Standorten materialisieren.

Die vorliegende Studie zeigt, wie sich bestimmte Städte – New York, Tokio, London, São Paulo, Hongkong, Toronto, Miami, Sydney – zu transnationalen Markt-»Räumen« entwickelt haben.

Dabei ist zu beobachten, daß diese Städte in dem Maß, wie sie wirtschaftlich in den Vordergrund treten, untereinander mehr Gemeinsamkeiten aufweisen als mit den regionalen Zentren in ihren jeweiligen Nationalstaaten, von denen viele an Bedeutung verloren haben. Wer sich für das Schicksal der Städte interessiert, ist durch diese Entwicklungen gefordert, das traditionelle Verständnis von Städten als Untereinheiten ihrer jeweiligen Nationalstaaten zu hinterfragen und die Bedeutung der Geographie in unserer Gesellschaft einer erneuten Prüfung zu unterziehen. Darüber hinaus bleiben die globalen Prozesse auch mit Blick auf die soziale Struktur der Städte selbst nicht ohne Folgen, verändern sie doch die Arbeitsorganisation, die Einkommensverteilung und die Konsumstruktur, was in den Städten wiederum neue Muster der sozialen Ungleichheit erzeugt. Mit *Metropolen des Weltmarkts* möchte ich dem Forscher, dem Studenten und dem interessierten Leser ein Vokabular und einen analytischen Rahmen an die Hand geben, mit dem sich diese neue Welt der urbanen Formen begreifen läßt.

Danksagungen

Ich möchte hier verschiedenen Einzelpersonen und Institutionen meinen Dank dafür aussprechen, daß sie es mir ermöglichten, dieses Buch in relativ kurzer Zeit zu schreiben. Das Wissenschaftszentrum in Berlin war mir ein großzügiges und geistig anregendes Zuhause. Ebenso das Institute for Advanced Studies in Wien, wobei mein Dank vor allem Rainer Baubock und den Studenten in meinem Seminar gilt. Diese beiden Institutionen machten meinen Forschungsaufenthalt in Europa in den Jahren 1991-1992 besonders fruchtbar. Die Russell Sage Foundation, für die ich in den Jahren 1992-1993 als Visiting Scholar tätig war, ist weithin dafür bekannt, daß sie den für sie tätigen Wissenschaftlern und ihrer Arbeit alle nur erdenkliche Unterstützung zuteil werden läßt; ich möchte mich bei allen Mitarbeitern, vor allem aber bei Vivian Kauffman bedanken, die mir stets mit Rat und Tat zur Seite stand. Das Departement of Political Science und die Faculty of Environmental Studies an der York University von Toronto organisierte ein internationales Sommerseminar zum Thema »Global City«, in dessen Rahmen ich Gelegenheit hatte, mit Studenten aus verschiedenen Ländern und mit dem unterschiedlichsten Hintergrund zusammenzuarbeiten; bedanken möchte ich mich hier insbesondere bei Roger Keil und Leo Panic. Während eines Sommeraufenthalts in Washington/D. C. schließlich, zu dem mich das Woodrow Wilson International Center for Scholars einlud, erhielt ich alle nötige Hilfe, um dieses Buch fertigzustellen; mein persönlicher Dank gilt Blair Ruble, Joseph Tulchin und den Mitgliedern der Urban Working

Group: Paulo Singer, Richard Sennett und Wilbur Zelinsky. Für ihre wertvolle Unterstützung meiner Forschungstätigkeit zu Dank verpflichtet bin ich auch Laura Bosco und Mark Williamson vom Woodrow Wilson Center sowie Brian Sahd, Kam Wong und Luc Nadal von der Columbia University. Wendy Griswold, Charles Ragin und Larry Griffin hatten zur richtigen Zeit die richtige Idee, diese Forschungsreihe herauszugeben. Ich bin froh, daß sie mich davon überzeugen konnten, an diesem Projekt mitzuarbeiten.

Mein besonderer Dank gilt dem Gründer der Pine Forge Press, Steve Rutter, der Mitverlegerin Chiara Huddleston, der Lektorin Victoria Nelson und Anne Draus vom Scratchgravel Publishing Service. Ihre Hilfe und Geduld, aber auch ihre Unnachsichtigkeit machten dieses Buch, dessen Fertigstellung oft mit anderen Terminen kollidierte, möglich.

Und wie immer waren Richard Sennett und Hilary Knoob-Sassen stets zur Stelle, wenn ich ihre Hilfe benötigte.

1
Raum und Produktion in der globalen Ökonomie

Das Ende des 20. Jahrhunderts rückt näher – und da glauben Wissenschaftler und Politiker angesichts der massiven Entwicklung der Telekommunikationsmittel und des Aufschwungs der Informationsindustrie, das Ende der Städte verkünden zu müssen. Städte, so erklären sie, seien als wirtschaftliche Einheiten nunmehr hinfällig. Im Zuge der umfassenden Verlagerung von Büros und Fabriken in weniger überfüllte und kostengünstigere Gebiete könne der computerisierte Arbeitsplatz nun an jeder beliebigen Stelle eingerichtet werden, sei es in einer Verwaltungs-»Fabrik« auf den Bahamas oder in einem Eigenheim in den Vororten. Das Wachstum der Informationsindustrien ermögliche es, die Arbeitsergebnisse im Nu an jeden gewünschten Ort des Globus zu übertragen. Und die Gobalisierung der Wirtschaftätigkeit lege es nahe, daß Raum – insbesondere der städtische Raum – keine Rolle mehr spielt.

Das ist aber nur die halbe Wahrheit. Die genannten Tendenzen sind fraglos vorhanden, beschreiben aber nur einen Teil des Geschehens. Neben der gut dokumentierten räumlichen Streuung der Wirtschaftätigkeit traten auch neue Formen der territorialen Zentralisation von Topmanagement- und Kontrollfunktionen in Erscheinung. Nationale und globale Märkte ebenso wie global übergreifende Wirtschaftsabläufe erfordern zentrale Orte, an denen die Globalisierung realisiert wird. Darüber hinaus erfordern die Informationsindustrien eine gewaltige materielle Infrastruktur, an deren strategischen Knotenpunkten bestimmte Einrichtungen hochkonzentriert zur Ver-

15

fügung stehen. Und schließlich besitzen auch die fortgeschrittensten Informationsindustrien einen Produktionsprozeß.

Werden diese Vorgänge in die Analyse einbezogen, stößt man auf merkwürdige Dinge, muß man doch feststellen, daß auch die Sekretärinnen dazu gehören, ebenso wie die Putzkolonnen, die die Gebäude reinigen, in denen die Spezialisten ihre Arbeit verrichten. So ergibt sich eine ökonomische Konfiguration, die völlig anders aussieht, als es das Konzept der *Informationsökonomie* nahelegt; durch eine solche Betrachtungsweise rücken die materiellen Bedingungen, die Produktionsstätten und die Raumgebundenheit in den Vordergrund, die ebenfalls einen Bestandteil der Globalisierung und der Informationsökonomie bilden. Eine detaillierte Untersuchung der Aktivitäten, Unternehmen und Märkte sowie der materiellen Infrastruktur, die bei der Globalisierung mitwirken und in Städten konzentriert sind, gibt den Blick auf die tatsächliche Rolle der Städte in einer globalen Ökonomie frei. So wird deutlich, wie die weltweit wichtigsten Geschäftsviertel der führenden Städte und internationalen Geschäftszentren – New York, Los Angeles, London, Tokio, Frankfurt, São Paulo, Hongkong, Sydney u. a. – ihre höchste Dichte erreichten, als die Telekommunikation in den achtziger Jahren massiv in allen fortgeschrittenen Industriezweigen eingeführt wurde. Die explosionsartige Zunahme an Firmen, die sich während dieses Jahrzehnts in den Geschäftsvierteln der Großstädte niederließen, widerspricht allem, was unter Zugrundelegung von Modellen, die den Aspekt der territorialen Streuung betonen, zu erwarten wäre – zumal angesichts der hohen Mietkosten, wie sie in den wichtigsten Geschäftsvierteln üblich sind.

Wenn nun die Telekommunikationsmittel die Städte keineswegs überflüssig gemacht haben, so könnte man fragen, ob sie nicht zumindest die wirtschaftliche Funktion der Städte in einer globalen Wirtschaft verändert haben. Und wenn dem so ist, was besagt das über die Bedeutung des Raums und des Lokalen in einem Zusammenhang, in dem die Bilderwelt und die Sprache der wirtschaftlichen Globalisierung und der Informationsflüsse vorherrscht? Gibt es für Großstädte eine neue strategische Rolle, die mit der Herausbildung eines wahrhaft globalen Wirtschaftssystems zusammenhängt und die bisher weder von den Wissenschaftlern noch von den politischen Entscheidungsträgern hinreichend erkannt worden ist? Und könnte es sein, daß diese neue strategische Rolle nur aufgrund eines fehlerhaften Verständnisses der wirtschaftlichen Globalisierung – d. h. dessen, was die Durchsetzung globaler Märkte und Prozesse erfordert – nicht hinreichend erkannt wurde?

Die Vorstellung einer »globalen Ökonomie« hat sich in Politiker- und Medienkreisen weltweit durchgesetzt. Gleichwohl geben die damit zusammenhängenden Bilder – die augenblickliche Übertragung von Geld rund um den Globus, die Informationsökonomie, die Neutralisierung des Raums durch die *Telematik* – nur einen Teil der Wirklichkeit wieder und bieten daher eine höchst unangemessene Vorstellung von dem, was die Globalisierung und der Aufstieg der Informationsökonomie für die Städte tatsächlich bedeuten. Was in diesem abstrakten Modell fehlt, sind die wirklichen materiellen Prozesse, Tätigkeiten und Infrastrukturanlagen, die bei der Durchsetzung der Globalisierung einen herausragenden Stellenwert haben. Die Vernachlässigung der räumlichen Dimension von wirtschaftlicher Globalisierung ebenso wie die Überbetonung des Informationsaspekts haben zu einer Fehleinschätzung der Rolle der Großstädte in der derzeitigen Phase der wirtschaftlichen Globalisierung geführt.

In den vergangenen zwanzig Jahren kam es mit Blick auf die Geographie, die Struktur und die institutionellen Rahmenbedingungen der wirtschaftlichen Globalisierung zu tiefgreifenden Veränderungen. Zwar existiert die Weltwirtschaft schon seit mehreren Jahrhunderten, aber ihr Gesicht hat sich im Laufe der Zeit mehrfach grundlegend gewandelt. Ein wesentlicher Ausgangspunkt des vorliegenden Buches ist der Umstand, daß die Weltwirtschaft in jeder geschichtlichen Epoche aus jeweils anderen geographischen Territorien, Wirtschaftszweigen und institutionellen Rahmenbedingungen besteht. Eine der bedeutendsten Veränderungen der letzten zwanzig Jahre ist die zunehmende Kapitalmobilität auf nationaler und vor allem auf transnationaler Ebene. Dabei führt die transnationale Mobilität des Kapitals zu spezifischen Formen der Artikulation zwischen verschiedenen geographischen Gebieten, wodurch sich auch die Bedeutung dieser Gebiete für die Weltwirtschaft verändert. Dieser Trend bringt mit Blick auf die internationalen Geschäftsvorgänge mehrere Standorttypen hervor, zu deren bekanntesten die *exportorientierten Produktionszonen* und das *Offshore-Bankenzentrum* gehören. Daran schließt sich die Frage an, inwieweit die wichtigeren Städte einen weiteren Standorttypus im Rahmen internationaler Transaktionen verkörpern, wenn auch einen mit einem eindeutig hohen Komplexitätsgrad.

Die erhöhte Kapitalmobilität führt aber nicht nur zu Veränderungen in der geographischen Organisation der Industrieproduktion und im Netzwerk der Finanzmärkte, sondern schafft auch Bedarf an Produkten, ohne die es schlicht unmöglich ist, die neue Organisation von Industrieproduktion und Finanzmärkten zu managen, zu steuern und mit den entsprechenden Dienstleistungen zu versorgen. Diese neuen Produktionszweige reichen von der Entwicklung von Telekommunikationsmitteln bis hin zu spezialisierten Dienstleistungen, die für das Management eines globalen Netzes aus Fabriken, Büros und Finanzmärkten wesentliche Inputs darstellen. Darüber hinaus zieht die erhöhte Kapitalmobilität auch vielfältige Innovationen in diesen Sektoren nach sich. Die neuen Produktionszweige besitzen ihre eigenen Standortmuster; sie tendieren in hohem Maß zur Agglomeration. Wir möchten untersuchen, ob sich die Frage nach dem Raum im Prozeß der wirtschaftlichen Globalisierung – insbesondere die Frage nach dem Raum »Stadt« – nicht dadurch aufklären läßt, daß wir die Produktion dieser Dienstleistungs-Inputs in den Mittelpunkt unserer Analyse rücken.

Spezialisierte Dienstleistungen und Finanztransaktionen im Rahmen komplexer Marktstrukturen bilden einen Teil der Aktivitäten, die für die Organisation wesentlicher globaler Prozesse in den achtziger Jahren von herausragender Bedeutung waren. Könnte es zum besseren Verständnis zentraler Aspekte von Organisation und Management der Weltwirtschaft von Nutzen sein, wenn wir außer den enger definierten Handlungsorten, wie sie die Konzernzentralen transnationaler Unternehmen oder die Offshore-Bankenzentren darstellen, auch die umfassendere Kategorie der »Stadt« als eines wesentlichen Handlungsorts dieser Wirtschaftszweige in die Analyse einbeziehen, um damit unser Verständnis wichtiger Dimensionen der Organisation und des Managements der Weltwirtschaft zu schärfen?

Ein Großteil der wissenschaftlichen Literatur über Städte konzentriert sich auf die internen Aspekte der sozialen, wirtschaftlichen und politischen Systeme der Stadt und betrachtet die Städte als Teil je nationaler, urbaner Systeme. Die internationalen Aspekte gelten dabei üblicherweise als Ressort der Nationalstaaten, nicht der Städte. Die Literatur über internationale Wirtschaftstätigkeiten wiederum konzentriert sich traditionell auf die Aktivitäten der multinationalen Konzerne und Banken und führt die Globalisierung wesentlich auf deren *Macht* zurück. Auch diese Konzeptualisierung läßt keinen Raum für eine mögliche Rolle der Städte.

Indem wir die Städte in unsere Analyse einbeziehen, erweitern wir die Untersuchung der Internationalisierung der Wirtschaft um drei wichtige Dimensionen. Erstens zerlegen wir den Nationalstaat damit in vielfältige Bestandteile, die für ein besseres Verständnis der internationalen Wirtschaftsaktivität von entscheidender Bedeutung sein könnten. Zweitens verlagert sich dadurch der Schwerpunkt der Analyse: Im Mittelpunkt steht nun nicht mehr, inwiefern die Politik der Regierungen und die Entwicklung der Volkswirtschaften durch die Macht der Großkonzerne bestimmt wird, sondern die ganze Bandbreite an Aktivitäten und organisatorischen Arrangements, die für die Durchsetzung und Aufrechterhaltung eines globalen Netzes von Fabriken, Dienstleistungen und Märkten – Prozesse, die von den transnationalen Konzernen und Banken nur zum Teil bewerkstelligt werden – unerläßlich sind. Und drittens lenkt es unser Augenmerk auf den Raum und die mit diesen Aktivitäten zusammenhängende soziale und politische Ordnung der Stadt. Die Prozesse wirtschaftlicher Globalisierung werden damit als konkrete Produktionskomplexe durchsichtig, die sich an spezifischen Standorten befinden, an denen auch eine ganze Reihe von Aktivitäten und Interessen ihren Platz haben, die mit den globalen Prozessen vielfach in keinerlei Zusammenhang stehen. Wenn wir die Städte in den Mittelpunkt unserer Analyse rücken, können wir nicht nur eine Geographie strategischer Räume im Weltmaßstab erstellen, sondern auch die Mikrogeographie und die Politik erfassen, die sich innerhalb dieser Räume entfalten.

Eine zentrale These dieses Buches lautet, daß die in den letzten beiden Jahrzehnten eingetretene Veränderung in der Zusammensetzung der Weltwirtschaft, die von einer Verlagerung hin zum Dienstleistungs- und Finanzgewerbe begleitet wurde,dazu führte, daß die größeren Städte als Schauplatz bestimmter Aktivitäten und Funktionen erneut an Bedeutung gewinnen. Unter Bedingungen fortschreitender Konzentration von Eigentum und wirtschaftlicher Kontrollmacht trägt im derzeitigen Entwicklungsabschnitt der Weltwirtschaft gerade das *Zugleich* von globaler Streuung und globaler Integration der Wirtschaftstätigkeit dazu bei, daß bestimmte größere Städte, die ich als Global Cities (Sassen 1991) bezeichne, nunmehr eine strategische Rolle spielen. Einige dieser Städte fungieren bereits seit Jahrhunderten als Zentren des Welthandels und Bankgeschäfts, aber abgesehen von diesen althergebrachten Funktionen dienen die Global Cities von heute erstens als Steuerungszentralen innerhalb der Organisation der Weltwirtschaft, zweitens als wesentliche Standorte und Marktplätze für die derzeit führenden Wirtschaftszweige, d. h. für das unternehmensorientierte Finanz- und Dienstleistungsgewerbe, und drittens als wesentliche Produktionsstandorte dieser Gewerbezweige, wozu auch die Produktion von Innovationen gehört. Manche Städte erfüllen im kleineren geographischen Maßstab trans- und subnationaler Regionen ähnliche Funktionen.

Neben diesen Städten, zwischen denen sich eine neue globale und regionale Rangordnung herausgebildet hat, gibt es weite, zunehmend randständige Gebiete, die aus den wesentlichen Wirtschaftsprozessen, die das Wachstum der neuen globalen Ökonomie anheizen, ausgegrenzt sind. Eine Vielzahl von ehemals bedeutenden Industriezentren und Hafenstädten haben ihre Funktion verloren und sind im Niedergang begriffen, und dies nicht nur in den Entwicklungsländern, sondern auch in den hochentwickelten Industrieländern. Auch das bedeutet Globalisierung der Wirtschaft. Wir können diese Entwicklungen dahingehend verstehen, daß Zentrum und Rand quer zur althergebrachten Scheidelinie zwischen armen und reichen Ländern geographisch neu verteilt auftreten, eine Umstrukturierung, die in der weniger entwickelten Welt ebenso wie in den hochentwickelten Ländern immer deutlicher zu Tage tritt.

Der mächtigste dieser neuen, das Zentrum bildenden geographischen Zusammenhänge umfaßt die wichtigsten internationalen Finanz- und Geschäftszentren: New York, London, Tokio, Paris, Frankfurt, Zürich, Amsterdam, Sydney, Hongkong u. a. Aber auch Städte wie São Paulo und Mexiko-City gehören seit neuestem dazu. Die Intensität und der Umfang der Geschäftsvorgänge zwischen diesen Städten, insbesondere was die Finanzmärkte und den grenzüberschreitenden Dienstleitungs- und Kapitalverkehr angeht, sind drastisch angestiegen, ebenso wie das Ausmaß der damit verbundenen Aufträge. Gleichzeitig kam es mit Blick auf die Ansammlung strategischer Ressourcen und Wirtschaftsaktivitäten zu wachsenden Ungleichheiten zwischen den genannten Städten auf der einen Seite und weiteren, im selben Land angesiedelten Städten auf der anderen Seite. In Paris zum Beispiel konzentriert sich heute ein größerer Teil der führenden französischen Wirtschaftssektoren und des französischen Vermögens als noch vor zwanzig Jahren, während Marseille, einst ein bedeutendes Wirtschaftszentrum, Anteile abgeben mußte und ernsthaft im Niedergang begriffen ist. Auch einige Hauptstädte mußten ihre zentralen wirtschaftlichen Funktionen und ihre Machtstellung an die neuen Global Cities abtreten. Diese haben einige Koordinationsfunktionen, Märkte und Produktionsprozesse übernommen, die einst in den Hauptstädten oder in wichtigen regionalen Zentren angesiedelt waren. São Paulo in Brasilien hat als Geschäfts- und Finanzzentrum gegenüber Rio de Janeiro – einst Kapitale und landesweit wichtigste Stadt – ebenso wie gegenüber der vormals mächtigen Achse Rio-Brasilia (derzeitige Hauptstadt) gewaltig an Gewicht gewonnen. Dies ist eine der Bedeutungen oder Konsequenzen der Herausbildung eines global integrierten Wirtschaftssystems.

Wie wirkt sich diese Art von Wirtschaftswachstum auf die allgemeine Sozial- und Wirtschaftsstruktur dieser Städte aus? Wie die umfangreiche Literatur über die Auswirkungen einer dynamischen, rasch wachsenden Industrieproduktion in den hochentwickelten Ländern zeigt, führt dies zu steigenden Löhnen, zur Abnahme der wirtschaftlichen Ungleichheit sowie zur Entstehung einer Mittelschicht. Weit weniger Literatur gibt es hingegen über die Auswirkungen des Dienstleistungsgewerbes, insbesondere des rasch wachsenden Bereichs der spezialisierten Dienstleistungen.

Diese spezialisierten Dienstleistungen, die in allen entwickelten Volkswirtschaften nunmehr eine Schlüsselkomponente bilden, werden normalerweise nicht in Begriffen des Produktions- oder Arbeitsprozesses analysiert, sondern als eine Art von Wirtschaftsleistung, d. h. als technische Expertise verstanden. Daher wurde der tatsächlichen Bandbreite an Arbeiten, die an der Produktion dieser Dienstleistungen beteiligt sind und von hochbezahlten bis zu niedrigentlohnten Tätigkeiten reichen, nicht genügend Aufmerksamkeit geschenkt. Durch die Betonung des Produktionsaspekts rückt anstelle des Expertisencharakters ihr Arbeitscharakter ins Blickfeld. Dienstleistungen müssen produziert, und die Gebäude, in denen die entsprechenden Beschäftigten tätig sind, müssen gebaut und gereinigt werden. Das rapide Wachstum des Finanzgewerbes und die rasche Ausweitung der hochspezialisierten Dienstleistungen schaffen nicht nur für hochqualifizierte Fachleute Beschäftigungsmöglichkeiten, sondern auch für niedrigbezahlte, unqualifizierte Arbeiter. Neben der bereits erwähnten neuen Ungleichheit zwischen den Städten entwickelt sich somit auch innerhalb der Städte, inbesondere in den Global Cities und ihren regionalen Pendants, eine neue wirtschaftliche Ungleichheit.

Die neue städtische Ökonomie ist in vieler Hinsicht höchst problematisch. Offen zu Tage liegt dieser Sachverhalt vor allem in den Global Cities und ihren regionalen Pendants. Die neuen Wachstumssektoren der spezialisierten Dienstleistungen und des Finanzgewerbes bieten weit höhere Gewinnmöglichkeiten als die eher traditionellen Wirtschaftssektoren. Zwar sind letztere für die Funktion der städtischen Ökonomie und die Befriedigung der alltäglichen Bedürfnisse der Stadtbewohner unabdingbar, aber ihr Überleben ist in einer

Situation, in der das spezialisierte Finanz- und Dienstleistungsgewerbe Überprofite erwirtschaftet, durchaus bedroht. Ausgeprägte Unterschiede in den Gewinnaussichten der verschiedenen Wirtschaftssektoren hat es zwar schon immer gegeben. Was wir jedoch heute erleben, findet auf einem ungleich höheren Niveau statt und führt zu massiven Verzerrungen auf den verschiedenen Märkten, angefangen vom Wohnungs- bis hin zum Arbeitsmarkt. Deutlich wird das zum Beispiel am ungewöhnlich scharfen Anstieg der Anfangsgehälter von Betriebswirtschaftlern und Rechtsanwälten und dem jähen Fall der Löhne von niedrigqualifizierten Arbeitern und Angestellten. Deutlich wird das auch daran, daß sich zahlreiche Erschließungsfirmen aus dem Wohnungsbau für die niedrigen und mittleren Einkommensschichten zurückziehen und vom rasch expandierenden Wohnungsbedarf hochbezahlter Fachleute sowie der Möglichkeit, die Wohnungen für diesen Kundenkreis zu überhöhten Preisen zu verkaufen, anziehen lassen.

Durch die rasante Entwicklung eines internationalen Immobilienmarktes hat sich diese Tendenz weiter verschärft. Das bedeutet, daß die Grundstückspreise im Zentrum von New York eher an das Preisniveau von London oder Frankfurt gekoppelt sind als an die Gegebenheiten des Newyorker Immobilienmarktes. So finden es beispielsweise zahlungskräftige institutionelle Investoren aus Japan gewinnversprechend, Grundstückseigentum in Manhattan oder im Zentrum von London zu kaufen und zu verkaufen. Sie treiben die Preise nicht nur aufgrund des dadurch sich verschärfenden Wettbewerbs in die Höhe, sondern auch dadurch, daß sie die erworbenen Grundstücke mit Gewinn weiterverkaufen. Wie sollte ein kleiner Geschäftsinhaber in New York mit solchen Investoren und den Preisen, die sie zu zahlen in der Lage sind, konkurrieren können!

Die hohen Gewinnaussichten in den neuen Wachstumssektoren beruhen zum Teil auf Spekulation. Das Ausmaß dieser Spekulationsabhängigkeit läßt sich an der Krise der neunziger Jahre ablesen, die auf die ungewöhnlich hohen Gewinne des Finanz- und Immobiliengewerbes in den achtziger Jahren folgte. An der grundsätzlichen Dynamik dieser Sektoren scheint sich durch die Krise jedoch nichts geändert zu haben. Die Krise kann daher als ein Vorgang der Anpassung auf ein vernünftigeres, d. h. weniger spekulatives Gewinniveau interpretiert werden. Insgesamt ist der Trend zu einer immer stärkeren Polarisierung der Gewinnaussichten in der städtischen Ökonomie jedoch ebenso ungebrochen wie die Verzerrungen, die dadurch auf zahlreichen Märkten entstehen.

Die typische informierte Sichtweise der globalen Wirtschaft, der Städte und der neuen Wachstumssektoren läßt diese vielfältigen Dimensionen außer acht. Wie ich an anderer Stelle ausgeführt habe, könnte man die herrschende Erzählung oder die tonangebende Darstellung der wirtschaftlichen Globalisierung als eine Erzählung der Ausgrenzung beschreiben (Sassen 1993). Die Schlüsselbegriffe Globalisierung, Informationsökonomie und Telematik, wie sie im Mittelpunkt der herrschenden Interpretation stehen, legen sämtlich nahe, daß die Frage des Raumes keine Rolle mehr spielt und als Arbeitskräfte nur noch das hochqualifizierte Fachpersonal von Bedeutung ist. Der Fähigkeit zu globaler Datenübertragung wird in dieser Beschreibung mehr Bedeutung beigemessen als den bestehenden Infrastrukturanlagen, die diese Übertragung überhaupt erst ermöglichen; dem Informations-Output mehr Bedeutung als den Beschäftigten, die diese Outputs produzieren – von den Spezialisten bis hin zu den einfachen Sachbearbeitern; der neuen transnationalen Unternehmenskultur mehr Bedeutung als den vielfältigen kulturellen Milieus, zu denen auch die reterritorialisierten Immigrantenkulturen gehören, in denen viele der »anderen« Jobs der globalen Informationsökonomie ihren Platz haben. Kurzum, die herrschende Erzählung beschäftigt sich mit den oberen Kapitalkreisläufen, nicht aber mit den unteren.

Durch diesen engen Blickwinkel geht verloren, daß wichtige Bestandteile der globalen Informationsökonomie *ortsgebunden* sind. So werden aus der Geschichte der Globalisierung eine ganze Reihe von Tätigkeiten und Beschäftigtengruppen ausgegrenzt, die für den Globalisierungsprozeß ebenso unabdingbar sind wie die internationalen Finanzmärkte und die globale Telekommunikation. Was dadurch vernachlässigt wird, sind die vielfältigen kulturellen Zusammenhänge, in die die genannten Tätigkeiten und Beschäftigtengruppen eingebunden sind – eine Vielfalt, die für die Globalisierungsprozesse ebenso kennzeichnend ist wie die neue internationale Unternehmenskultur. Konzentrieren wir uns hingegen auf Raum und Produktion, so wird deutlich, daß Globalisierung ein Prozeß ist, bei dem nicht nur die Konzernwirtschaft und die neue transnationale Unternehmenskultur mitwirken, sondern zum Beispiel auch die Ökonomien der Immigranten samt ihrer Arbeitskulturen, wie sie in unseren Großstädten zutage treten.

Diese neuen empirisch feststellbaren Trends und diese neuen Theoretisierungsversuche rückten die Städte wieder in den Vordergrund der Sozialwissenschaften. Erneute Bedeutung gewannen die Städte dabei nicht nur als Untersuchungsgegenstände, sondern auch als strategische Ausgangspunkte, an denen die theoretische Verarbeitung einer breiten Vielfalt von heute maßgebenden sozialen, wirtschaftlichen und politischen Prozessen ansetzen kann. Dazu gehören die Globalisierung der Wirtschaft und die internationalen Wanderungsbewegungen, die spezialisierten Dienstleistungen und die internationalen Finanzmärkte – die führenden Wachstumssektoren hochentwickelter Volkswirtschaften –, sowie neue Arten der Ungleichheit. Ebenso bemerkenswert ist in diesem Zusammenhang, daß die Städte ansatzweise auch wirtschaftspraktisch wieder ins Blickfeld rücken. Dies wird insbesondere an zwei Beispielen deutlich: Zum einen an den neueren programmatischen Bemühungen der Weltbank um Analysen, die zeigen, wie wesentlich das makroökonomische Leistungsniveau durch die wirtschaftliche Produktivität der Stadt bestimmt wird; zum anderen daran, daß die Großstädte in einen harten Wettbewerb um den Zugang zu den immer globaler werdenden Märkten für Ressourcen und Wirtschaftsaktivitäten eingetreten sind, welche von Auslandsinvestitionen, der Ansiedlung von Unternehmenszentralen und internationalen Institutionen bis hin zum Tourismus und der Ausrichtung von Tagungen reichen.

Die Stadt in der Weltwirtschaft stellt einen ungeheuer breitgefächerten Untersuchungsgegenstand dar. Die Literatur über Städte ist sicher sehr umfangreich, bezieht sich überwiegend jedoch nur auf einzelne Städte und einzelne Länder. Länderübergreifende Untersuchungen zur Stadt gibt es zwar auch, aber sie sind meistens als komparative Studien angelegt. Was fehlt, ist eine transnationale Perspektive auf unseren Gegenstand – eine Perspektive, die davon ausgeht, daß wir es mit einem dynamischen System oder Gefüge von Transaktionen zu tun haben, die sich naturgemäß zwischen verschiedenen Standorten abspielen, welche auf mehr als nur ein Land verteilt sind. Dies im Gegensatz zu einem international orientierten, komparativen Ansatz, bei dem zwei oder mehr Städte, die möglicherweise in keinerlei Zusammenhang stehen, rein äußerlich miteinander verglichen werden.

Angesichts des umfänglichen Charakters unseres Themas und der Literatur über Städte und angesichts dessen, was in dieser Literatur unberücksichtigt bleibt, konzentriert sich die vorliegende Untersuchung vor allem auf neuere empirische Entwicklungen und Theoretisierungsversuche, denn in ihnen kommen wesentliche Veränderungen in den städtischen und nationalen Wirtschaftszusammenhängen und in der theoretischen Herangehensweise an das Phänomen Stadt zum Ausdruck. Natürlich hat auch dieser Ansatz seine Grenzen, und sicherlich lassen sich damit nicht die vielen Städte erfassen, an denen die genannten Entwicklungen vorbeigingen. Wenn wir uns gleichwohl auf die Auswirkungen der wirtschaftlichen Globalisierung auf die Stadt, die neuen Ungleicheiten zwischen den Städten und innerhalb der Städte sowie auf die neue städtische Ökonomie konzentrieren, so ist dies insofern gerechtfertigt, als diese Veränderungen wesentliche Merkmale unserer Zeit widerspiegeln und von den Sozialwissenschaftlern daher auch behandelt werden sollten.

In Kapitel 2 werden die wichtigsten Merkmale der globalen Ökonomie untersucht, die für ein adäquates Verständnis der Auswirkungen der Globalisierung auf die Stadt von Bedeutung sind. Kapitel 3 analysiert die neuen Ungleicheiten zwischen den Städten, wobei der Schwerpunkt auf folgenden drei Schlüsselproblemen liegt: Erstens geht es um die Auswirkungen der Globalisierung – insbesondere die Internationalisierung der Produktion und das Wachstum des Tourismussektors – auf die sogenannten *primate urban systems* in den weniger entwickelten Ländern; das sind Städtesysteme, in denen eine einzige Stadt, typischerweise die Hauptstadt, die absolute Vorrangstellung einnimmt. Zweitens geht es um die Auswirkungen der wirtschaftlichen Globalisierung auf die sogenannten *balanced urban systems*, Städtesysteme, bei denen die Städte mit Blick auf ihre Größe und wirtschaftliche Bedeutung in einem ausgewogenen Verhältnis zueinander stehen. Und drittens geht es um die mögliche Herausbildung eines transnationalen Städtesystems. In der rasch anwachsenden Forschungsliteratur wird neuerdings darauf hingewiesen, daß die Städte, die als Produktionsstandorte und Marktplätze des globalen Kapitals fungieren, einen immer engeren Zusammenhang bilden. Kapitel 4 beschäftigt sich mit der neuen urbanen Ökonomie, in der das Finanz- und spezialisierte Dienstleistungsgewerbe als treibende Kräfte der Gewinnerwirtschaftung auftreten. In Kapitel 5 werden diese Fragen anhand einer Reihe von Fallstudien über wichtige Global Cities mehr im Detail untersucht. Kapitel 6 erörtert mögliche neue urbane Formen und die soziale Umstrukturierung innerhalb dieser Städte. Stellen diese neuen Sozialstrukturen nur eine quantitative, oder auch eine qualitative Veränderung dar? Mit dieser Frage und anderen möglichen Entwicklungen beschäftigt sich die Zusammenfassung der wichtigsten hier vertretenen Thesen in Kapitel 7.

2

Die wirtschaftliche Globalisierung und ihre Auswirkungen auf die Stadt

Die tiefgreifenden Veränderungen in der Zusammensetzung, in der Geographie sowie im institutionellen Gefüge der globalen Wirtschaft ließen die Städte nicht unberührt. Im 19. Jahrhundert, als sich die Weltwirtschaft weitgehend auf Handelsbeziehungen beschränkte, waren Häfen, Plantagen, Fabriken und Minen die entscheidenden Schauplätze des Wirtschaftsgeschehens. Zwar fungierten die Städte schon damals als Dienstleistungszentren; sie entwickelten sich im Normalfall an und mit Hafenplätzen, und die Handelsgesellschaften waren auf die Dienste des Bankgewerbes und sonstige handelsbezogene Serviceleistungen, die in Städten erbracht wurden, angewiesen. Aber sie waren eben nicht die wichtigsten Produktionsstätten der im 19. Jahrhundert führenden Industriezweige; die Produktion des Reichtums konzentrierte sich anderswo. Heute bildet der internationale Handel zwar weiterhin einen wichtigen Tatbestand der globalen Wirtschaft, aber sowohl hinsichtlich des erwirtschafteten Werts als auch mit Blick auf seine gesamtwirtschaftliche Bedeutung wird der Welthandel nunmehr von den internationalen Finanzströmen, ob in Form von Anleihe-, Wertpapier- oder Devisengeschäften, in den Schatten gestellt. Im Laufe der achtziger Jahre entwickelten sich die Finanzgeschäfte und die spezialisierten Dienstleistungen zu den wichtigsten Bestandteilen internationaler Transaktionen. Zentraler Schauplatz dieser Transaktionen sind die Finanzmärkte, Firmen, die hochentwickelte unternehmensorientierte Dienstleistungen anbieten, Banken sowie die Konzernzentralen transnationaler Unternehmen. Diese Schauplätze bilden den Dreh- und Angelpunkt der Reichtumserzeugung und sind allesamt in Städten angesiedelt.

Einer der Faktoren, die die Rolle der Städte in der neuen globalen Wirtschaft bestimmen, ist somit in der veränderten Zusammensetzung der internationalen Transaktionen zu sehen – was in den gängigen Analysen der Weltwirtschaft vielfach verkannt wird. Die derzeitige Zusammensetzung der internationalen Transaktionen legt von dieser Veränderung beredtes Zeugnis ab. So wuchsen die Auslandsdirektinvestitionen in den achtziger Jahren zum Beispiel dreimal so schnell wie der Warenexport. Darüber hinaus fließt der überwiegende Teil der Auslandsdirektinvestitionen seit Mitte der achtziger Jahre in den Dienstleistungssektor, während das Gros der Auslandskapitalien bis dahin in die Industrie und Rohstoffgewinnung investiert wurde. Monetär haben die internationalen Finanzströme den Wertumfang von internationalem Handel und Auslandsdirektinvestitionen bereits überflügelt. Die drastische Zunahme der internationalen Finanzströme erhöhte auch die Komplexität der Transaktionen. Dieser neue Sachverhalt macht eine hochentwickelte Infrastruktur an spezialisierten Dienstleistungen und ein äußerst dichtes Netz an Telekommunikationsanlagen erforderlich. Der zentrale Standort dafür ist die Stadt.

Die erste Hälfte dieses Kapitels bietet einen einigermaßen detaillierten Überblick über die Geographie, die Zusammensetzung und das institutionelle Gefüge der heutigen globalen Ökonomie. In der zweiten Hälfte konzentrieren wir uns auf zwei strategische Orte für die Abwicklung von internationalen Finanz- und Dienstleistungstransaktionen: die Global Cities und die Offshore-Bankenzentren. Schließlich wollen wir uns mit den Auswirkungen des Zusammenbruchs der Pax Americana auf die Weltwirtschaft und die daraus folgende Verlagerung der geographischen Achse internationaler Transaktionen beschäftigen.

Die heutige globale Ökonomie

Der Schwerpunkt liegt hier auf den neuen Investitionsmustern und den wesentlichen Merkmalen unserer Zeit. Dabei geht es uns nicht um eine erschöpfende Beschreibung sämtlicher Momente der heutigen Weltwirtschaft. Vielmehr wollen wir erörtern, wodurch sich die heutige Epoche von der unmittelbaren Vergangenheit unterscheidet.

Die Geographie

Ein wesentlicher Zug der heutigen globalen Wirtschaft ist in der Geographie der neuen internationalen Transaktionen zu sehen. Bestehen die internationalen Ströme aus Rohstoffen, landwirtschaftlichen Erzeugnissen und Bergbauprodukten, wird die Geographie der Transaktionen zum Teil durch den Standort der natürlichen Ressourcen bestimmt. Historisch bedeutete dies, daß zahlreiche Länder in Afrika, Lateinamerika und in der Karibik wichtige Standorte in dieser Geographie waren. Als sich zu Beginn der achtziger Jahre dann die Finanzgeschäfte und spezialisierten Dienstleistungen zum vorherrschenden Bestandteil der internationalen Transaktionen entwickelten, stärkte dies die Rolle der Städte. Gleichzeitig bedeutet die rapide Konzentration in diesen Gewerbezweigen, daß nunmehr nur noch eine begrenzte Zahl von Städten eine strategische Rolle spielen.

Deutlich wird diese neue Geographie der internationalen Transaktionen an den Strömen der Auslandsdirektinvestitionen (ADI) – worunter zu verstehen ist, daß ein Anleger eine im Ausland angesiedelte Firma zum Teil oder insgesamt erwirbt oder dort neue Betriebe errichtet (vgl. UNCTD 1993). Die ADI-Ströme sind mit Blick auf die jeweiligen Bestimmungsländer hochdifferenziert und können aufgrund der unterschiedlichsten Prozesse zustandekommen. In den vergangenen zwei Jahrzehnten war die Zunahme der ADI in die Internationalisierung der Güter- und Dienstleistungserzeugung eingebettet. Insbesondere die Internationalisierung der Industrieproduktion war dafür verantwortlich, daß ein Teil der ADI in die Entwicklungsländer floß.

Im Vergleich zu den fünfziger Jahren verengte sich in den achtziger Jahren die Geographie der globalen Wirtschaft, wobei es zu einer erheblichen Stärkung der Ost-West-Achse kam. Deutlich wird das an der drastischen Zunahme der Investitions- und Handelstätigkeit innerhalb der häufig sogenannten Triade Vereinigte Staaten – Westeuropa – Japan. Zwischen 1986 und 1990 nahmen die ADI-Ströme in die Industrieländer um jährlich 24 Prozent zu und erreichten 1990 den Wert von 172 Mrd. US-Dollar, während sich der weltweite ADI-Zufluß insgesamt auf 203 Mrd. US-Dollar belief. Um die Mitte der achtziger Jahre waren 75 Prozent des gesamten ADI-Bestands und 84 Prozent des im Dienstleistungssektor investierten ADI-Bestands in den Industrieländern angelegt. Dabei gibt es auch zwischen den einzelnen Industrieländern scharf ausgeprägte Unterschiede. Auf die vier führenden Empfängerländer – die Vereinigten Staaten, Großbritannien, Frankreich und Deutschland – entfiel in den achtziger Jahren die Hälfte des weltweiten ADI-Zuflusses, während die fünf größten Kapitalexportländer – die Vereinigten Staaten, Großbritannien, Japan, Frankreich und Deutschland – für 70 Prozent des gesamten ADI-Abflusses verantwortlich zeichnen. Die Konzentration im Finanzgewerbe wird an der Rangordnung der weltweit führenden Banken deutlich (vgl. Kapitel 5).

Die Wachstumsraten bei den Investitionen lagen in den Entwicklungsländern zwar weit unter denen der entwickelten Industrieländer, erreichten in absoluten Zahlen jedoch eine beträchtliche Höhe – eine Tatsache, die die zunehmende Internationalisierung der Wirtschaftstätigkeit widerspiegelt. Der Anteil der Entwicklungsländer an den internationalen Investitionen ging in den achtziger Jahren zunächst zurück und nahm erst im folgenden Jahrzehnt wieder zu, während der absolute Wert dieser Investitionen ständig anstieg. Im Vergleich zu nur 3 Prozent zwischen 1980 und 1984 und 13 Prozent zwischen 1975 und 1979 liegt die jährliche Wachstumsrate der ADI seit 1985 bei 22 Prozent. Dessenungeachtet fiel der Anteil der Entwicklungsländer an den internationalen ADI zwischen Anfang und

Ende der achtziger Jahre weltweit von 26 auf 17 Prozent, was darauf hinweist, daß die Investitionsströme innerhalb der Triade Vereinigte Staaten – Westeuropa – Japan einen beträchtlichen Umfang erreicht haben. Der überwiegende Teil der in den Entwicklungsländern angelegten ADI floß nach Süd-, Ost- und Südostasien, wo die jährliche Wachstumsrate zwischen 1985 und 1989 auf durchschnittlich 37 Prozent anstieg.

Einst war Lateinamerika die einzige größere Empfängerregion von ADI. Zwischen 1985 und 1989 aber fiel sein Anteil an den gesamten Investitionsströmen in die Entwicklungsländer von 49 auf 38 Prozent, während der Anteil Südostasiens im gleichen Zeitraum von 37 auf 48 Prozent zunahm. Die absolute Zunahme der ADI fiel jedoch so drastisch aus, daß Lateinamerika trotz seines fallenden Anteils tatsächlich mehr ADI erhielt als zuvor, insbesondere gegen Ende der achtziger und zu Beginn der neunziger Jahre (obgleich sich diese Zunahme fast ausschließlich auf wenige Länder der Region verteilte). Diese Zahlen weisen darauf hin, daß sich Südostasien zu einem bedeutenden transnationalen Produktionsraum entwickelt hat. Erstmals hat diese Region Lateinamerika und die Karibik als Empfänger von ADI überrundet und steht in dieser Hinsicht innerhalb der Entwicklungsländer nun an erster Stelle.

Die Zusammensetzung

In den fünfziger Jahren stand der Welthandel mit Rohstoffen, Grundstoffen und Zwischenprodukten im Mittelpunkt der internationalen Wirtschaftsströme. In den achtziger Jahren hingegen öffnete sich die Wachstumsschere zwischen Waren und Finanzströmen zunehmend zugunsten letzterer. Obwohl es beachtliche Probleme mit dem Maßstab gibt, fiel die Zunahme der Finanz- und besonders der Dienstleistungsaktivitäten so drastisch aus, daß an diesem Sachverhalt kaum ein Zweifel besteht. Der weltweite ADI-Abfluß zum Beispiel verdreifachte sich zwischen 1984 und 1987 und nahm in den folgenden beiden Jahren nochmals um je 20 Prozent zu. 1990 belief sich der weltweite ADI-Bestand auf 1,5 Billionen US-Dollar und erreichte schon zwei Jahre später die Größenordnung von 2 Billionen US-Dollar. Nach dem Einbruch während der Jahre 1981-1982 nahmen die weltweiten ADI bis 1990 im Jahresdurchschnitt um jeweils 29 Prozent zu, ein historischer Höchststand.

Folgende Faktoren trugen zu diesem Wachstum der ADI bei: Einige Industrieländer – hier sei insbesondere Japan erwähnt – wurden zu wichtigen Kapitalexporteuren; die Zahl der grenzüberschreitenden Unternehmensfusionen und -käufe nahm drastisch zu; und die Dienstleistungsströme und transnationalen Dienstleistungsunternehmen entwickelten sich zu einem Hauptbestandteil der Weltwirtschaft. Das Dienstleistungsgewerbe, auf das zu Beginn der siebziger Jahre 24 Prozent des weltweiten ADI-Bestands entfiel, zeichnete gegen Ende der achtziger Jahre für 50 Prozent des ADI-Bestands und 60 Prozent der jährlichen ADI-Ströme verantwortlich. Der größte Empfänger von ADI im Dienstleistungssektor war in den achtziger Jahren, als diese Ströme hohe Wachstumsraten aufwiesen, die Europäische Gemeinschaft – ein weiterer Hinweis auf die besondere Geographie der weltweiten Transaktionen. Allerdings sollte darüber nicht vergessen werden, daß diese Ströme in absoluten Zahlen auch im Fall der weniger entwickelten Länder zunahmen.

Eine weitere wichtige Veränderung ist die enorme Zunahme sowohl der Zahl als auch des wirtschaftlichen Gewichts der transnationalen Konzerne (TNK) – worunter Firmen zu verstehen sind, die über Tochtergesellschaften, Zweigniederlassungen und andere Kooperationsabkommen in mehr als einem Land tätig sind. Wie zentral die Rolle der transnationalen Konzerne nunmehr ist, kann man daran ablesen, daß 80 Prozent des US-Außenhandels Ende der achtziger Jahre auf die in den Vereinigten Staaten und anderswo beheimateten TNK entfiel. Darüber hinaus war mehr als ein Drittel des US-Außenhandels den Güterströmen innerhalb der geographisch zersplitterten TNK geschuldet (UNCTC 1991; vgl. Kap. 3). Nahezu sämtliche ADI und ein Großteil des Technologietransfers gehen auf das Konto von transnationalen Konzernen.

Das institutionelle Gefüge

Wie hält die »Weltwirtschaft« als System zusammen? Wir dürfen die Weltwirtschaft nicht als selbstverständliche Gegebenheit betrachten und davon ausgehen, daß sie schlicht deshalb existiert, weil es internationale Transaktionen gibt. So werfen die oben beschriebenen Entwicklungen unter anderem die Frage auf, ob die globale Wirtschaftstätigkeit, wie sie sich uns heute darbietet, lediglich eine quantitative oder aber eine qualitative Veränderung der Weltwirtschaftsordnung darstellt. An anderer Stelle habe ich ausgeführt, daß die nunmehrige Vorherrschaft des internationalen Finanz- und Dienstleistungsgewerbes ein neues Regime hervorbringt, das sowohl für die anderen Gewerbezweige, insbesondere für das produzierende Gewerbe, als auch für regionale Entwicklungen – insofern Regionen tendenziell von bestimmten Industrien beherrscht werden – nachhaltige Konsequenzen hat (Sassen 1991). So wird die Organisation der Weltwirtschaft nun noch weitgehender als bisher durch die transnationalen Konzerne bestimmt, während die neuen beziehungsweise enorm erweiterten älteren globalen Märkte nun einen wichtigen Bestandteil des institutionellen Gefüges bilden.

Neben der Finanzierung der riesigen Budgetdefizite zahlreicher Staaten deckten die in den achtziger Jahren explosionsartig angewachsenen Finanzmärkte in unverhältnismäßig großem Ausmaß auch den Bedarf transnationaler Konzerne. Darüber hinaus sind die TNK neuerdings auch für einen Teil der Finanzströme in die Entwicklungsländer verantwortlich, sei es unmittelbar in Form von ADI oder mittelbar dadurch, daß diese Investitionen andere Finanzströme nach sich ziehen. In mancher Hinsicht haben die TNK die Banken ersetzt.[1] Im Zuge der Verschuldungskrise von 1982 kam es bei den Bankkrediten an Entwicklungsländer zu einem derart drastischen Einbruch,

---

1 Die ADI transnationaler Konzerne werden entweder durch transnational operierende Banken oder über die internationalen Kreditmärkte finanziert. Letztere Finanzierungsform nahm um die Mitte der achtziger Jahre drastisch zu, während die erstgenannte ebenso drastisch zurückging (vgl. Sassen 1991; Kap. 4).

daß die Entwicklungsländer in den achtziger Jahren netto meist Kapital exportierten. Ob im guten oder im schlechten – in strategischer Hinsicht hängt die Entwicklung der sogenannten Weltwirtschaft nunmehr wesentlich von den Entscheidungen der transnationalen Konzerne ab.

Eine weitere entscheidende Institution im Gefüge der Weltwirtschaft sind die globalen Finanzmärkte. Daß die Märkte in den internationalen Finanzgeschäften neuerdings eine zentrale Rolle spielen beziehungsweise ein Schlüsselbestandteil der gegenwärtigen Weltwirtschaft sind, ist zum Teil auch eine Folge der sogenannten Verschuldungskrise der Dritten Welt, die 1982 formal erklärt wurde. Diese Krise traf zumal die wichtigsten transnationalen Banken der Vereinigten Staaten, die zahlreichen Ländern und Unternehmen der Dritten Welt umfangreiche Darlehen gewährt hatten, deren Rückzahlung sich als unmöglich herausstellte. Den dadurch entstandenen Freiraum machten sich seit den achtziger Jahren kleinere, höchst konkurrenzfähige Finanzunternehmen zunutze, womit in Sachen Spekulation, Produktinnovation und Rentabilitätsniveau eine völlig neue Epoche anbrach. Im Ergebnis führte das zwar zu mehr Instabilität, eröffnete jedoch auch ungeahnte Gewinnaussichten, so daß das Volumen der internationalen Finanztransaktionen massiv expandierte. Weiter erleichtert wurde dieses auf Internationalisierung und Spekulation beruhende Wachstum auch durch die Deregulierung der Märkte. Diese bilden einen Teil des institutionellen Gefüges, in das die ungeheuren Finanzströme eingebettet sind.

Die transnationalen Handelsblöcke bilden einen weiteren Bestandteil des neuen institutionellen Gefüges. Die beiden wichtigsten Blöcke, die ihre Bewährungsprobe bestanden haben, sind das Nordamerikanische Freihandelsabkommen NAFTA und die Europäische Wirtschaftsgemeinschaft EWG. (Kaum erörtert wurde bisher die formale Institutionalisierung des asiatischen Blocks im Einflußbereich Japans.) Mit Blick auf die Ergänzungsbestimmungen, die derzeit eingeführt werden, gibt es zwischen den beiden Hauptblöcken zwar beträchtliche Unterschiede; bei beiden aber geht es in erster Linie um die Erleichterung des grenzüberschreitenden Kapitalverkehrs. Im

Mittelpunkt der Ausgestaltung dieser Blöcke stehen mithin die Finanzdienstleistungen, während der Warenverkehr, obwohl ihm in der Öffentlichkeit weit mehr Aufmerksamkeit geschenkt wird, von zweitrangiger Bedeutung ist – und zwar einfach deshalb, weil die Handelsbeziehungen zwischen den einzelnen Ländern der jeweiligen Blöcke bereits sehr dicht gewebt und die Zollschranken für viele Güter auch bisher schon niedrig waren. NAFTA und EWG sind neben den TNK und den globalen Finanzmärkten als eine weitere Form der Transnationalisierung des Kapitals zu verstehen, allerdings auf einer anderen Ebene als die TNKs und die globalen Finanzmärkte.

Die beschriebenen Veränderungen hatten weitreichende Konsequenzen. So führte die extrem hohe Rentabilität im Finanzgewerbe unter anderem zu einer Entwertung des produzierenden Gewerbes, obgleich dies nicht auf sämtliche Industriezweige zutrifft. Ein Großteil der Deregulierungsmaßnahmen ließ die Gewinne im Finanzgewerbe derart in die Höhe schnellen, daß Investitionen aus dem produzierenden Gewerbe abgezogen wurden. Dabei bietet der Finanzsektor auch insofern außergewöhnliche Gewinnaussichten, als der Umlauf des Geldes und die Spekulation mit Geld anders als im produzierenden Gewerbe nahezu beliebig in die Höhe getrieben werden kann. Von herausragender Bedeutung ist hier ein völlig neues Finanzinstrument: die Verbriefung von Forderungen und Schulden, die dann auf speziellen Märkten gehandelt werden können. In den achtziger Jahren wurden zahlreiche Formen der Verbriefung aufgelegt. So kann ein Händler zum Beispiel eine Reihe von Hypotheken zusammenfassen und das Bündel anschließend mehrmals verkaufen, obwohl die Zahl der verhandelten Häuser die gleiche bleibt. Diese Möglichkeit ist dem produzierenden Gewerbe verschlossen. Die Ware wird gefertigt und verkauft, und geht, sobald sie in die Zirkulationssphäre eintritt, in andere Industrie- oder Wirtschaftszweige ein, so daß die Gewinne aus dem nun folgenden Verkauf diesen Sektoren zufallen.

Diese Veränderungen in der Geographie und der Zusammensetzung der internationalen Transaktionen ebenso wie im institutionellen Gefüge, in dem diese Transaktionen stattfinden, trugen zur Herausbildung neuer strategischer Schauplätze in der Weltwirtschaft bei. Dies soll im folgenden Abschnitt ausgeführt werden.

Strategische Orte

Von allen Standorttypen symbolisieren die folgenden drei wohl am besten die neuen Formen der wirtschaftlichen Globalisierung: die exportorientierten Produktionszonen, die Offshore-Bankenzentren und die Global Cities. Sicherlich gibt es noch zahlreiche andere Standorte, an denen sich die internationalen Transaktionen materialisieren. Ohne Frage sind die Hafenstädte in einer Welt des wachsenden internationalen Handels und mit Blick auf die Bildung regionaler Handels- und Investitionsblöcke weiterhin von strategischer Bedeutung. Und die dichten Industriegebiete der wichtigsten Industrieprodukte exportierenden Länder, zu denen unter anderem die Vereinigten Staaten, Japan und Deutschland gehören, sind in vieler Hinsicht nach wie vor als strategische Standorte international orientierter Wirtschaftsaktivitäten zu betrachten, insbesondere was die Produktion für den Export anbelangt. Aber weder die Hafenstädte noch die Industriegebiete können als Sinnbild der heutigen globalen Wirtschaft gelten.

Über die exportorientierten Produktionszonen, deren Wirtschaftsaktivitäten im Gegensatz zum Finanz- und Dienstleistungsgewerbe kaum in Städten anzutreffen sind, ist schon viel veröffentlicht worden. Wir werden hier diesbezüglich daher nicht ins Detail gehen. Soviel sei gesagt, daß es sich dabei um Zonen in Niedriglohnländern handelt, in denen Unternehmen aus den hochentwickelten Ländern Fabriken zur Verarbeitung oder Montage von Produktkomponenten errichten können, die aus den Industrieländern eingeführt werden, um als Fertigprodukte wieder reexportiert zu werden. Um dies zu ermöglichen, wurden in zahlreichen Industrieländern spezielle Gesetze erlassen. Bezweckt wurde mit der Einrichtung solcher Zonen, den Unternehmen für die arbeitsintensiven Stadien ihrer Fer-

Industrieverlagerungen im Großraum London (Gaebe 1987: 105)

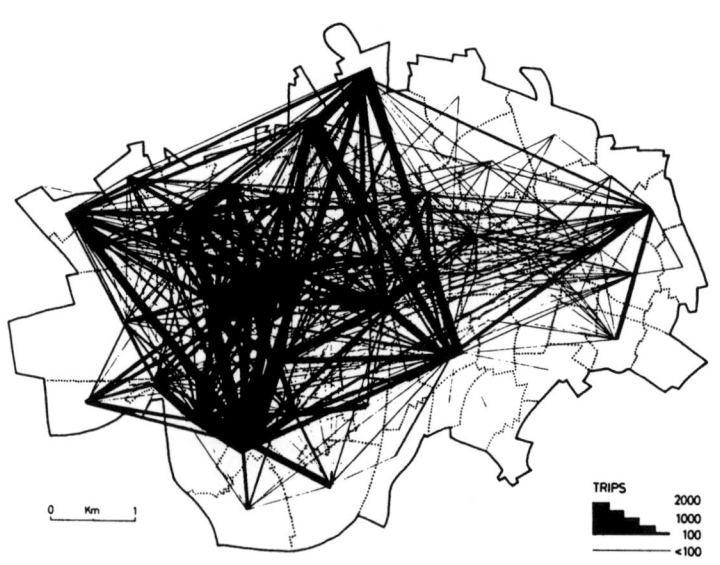

TRIPS
2000
1000
100
<100

Taxiverbindungen an einem durchschnittlichen Wochentag (Bourne 1982: 425)

tigungsprozesse billige Arbeitskräfte zur Verfügung zu stellen. Steuerfreiheit und milde Arbeitsschutzvorschriften in diesen Zonen dienen als weitere Anreize. Die Internationalisierung der Produktion verläuft wesentlich auch über die Einrichtung solcher Produktionszonen.

Im folgenden möchte ich mich kurz mit den Global Cities und den Offshore-Bankenzentren befassen.

Global Cities

Global Cities sind zentrale Standorte für hochentwickelte Dienstleistungen und Telekommunikationseinrichtungen, wie sie für die Durchführung und das Management globaler Wirtschaftsaktivitäten erforderlich sind. In ihnen konzentrieren sich tendenziell auch die Konzernzentralen insbesondere von Unternehmen, die in mehr als einem Land tätig sind. Die Zunahme der internationalen Investitions- und Handelstätigkeit sowie der damit einhergehende Bedarf an Finanzierungs- und Dienstleistungsangeboten förderte die Zusammenballung dieser Funktionen in größeren Städten. Da der Staat anders als noch vor einigen Jahren, als die internationalen Transaktionen vorwiegend im Warenhandel bestanden, keine zentrale Rolle mehr spielt, werden manche organisatorischen und Dienstleistungsaufgaben nunmehr von spezialisierten Dienstleistungsunternehmen und den globalen Finanz- und Dienstleistungsmärkten übernommen. Diese Entwicklung soll im folgenden nachgezeichnet werden, wobei wir zunächst das Konzept der Global City vorstellen und anschließend die Konzentration wichtiger internationaler Märkte und Unternehmen in verschiedenen Städten empirisch beschreiben wollen.

Die spezifischen Formen, die der Globalisierungsprozeß im vergangenen Jahrzehnt angenommen hat, zogen besondere organisatorische Erfordernisse nach sich. Die Herausbildung globaler Finanz- und Dienstleistungsmärkte sowie die Entwicklung der grenzüberschreitenden Investitionstätigkeit zu einem Hauptbestandteil der internationalen Transaktionen schufen einen erweiterten Bedarf an

Steuerungsfunktionen und spezialisierten unternehmensorientierten Dienstleistungen. Ein Großteil dieser Aktivitäten wird von der Organisationsform des transnationalen Konzerns oder der transnationalen Bank nicht abgedeckt, obwohl diese beiden Unternehmenstypen für einen unverhältnismäßig großen Anteil der internationalen Wirtschaftsströme verantwortlich sind. Ebensowenig lassen sie sich auf die Macht der transnationalen Wirtschaftssubjekte zurückführen, die als Erklärung für die Globalisierung der Wirtschaft häufig zitiert wird. Vielmehr spielt dabei die Produktions- und Standortproblematik eine Rolle. In diesem Zusammenhang sind einige Hypothesen, die wir in unseren letzten Arbeiten entwickelt haben, von Interesse, insbesondere unsere Ausführungen zu den räumlichen und organisatorischen Formen der wirtschaftlichen Globalisierung sowie zu der tagtäglichen Arbeit, transnationale wirtschaftliche Unternehmungen zu organisieren. Dieser Ansatz erlaubt es, den zentralen Stellenwert von Raum und Arbeit im Zusammenhang wirtschaftlicher Globalisierungsprozesse zu berücksichtigen.

Eine zentrale Aussage in der Literatur über die Global Cities lautet, daß es an der die derzeitige Wirtschaftsära kennzeichnenden *Kombination* von geographischer Streuung der Wirtschaftstätigkeit und Systemintegration liegt, wenn einzelne Großstädte heute eine strategische Rolle spielen (Sassen 1991; Friedmann/Wolff 1982; Friedmann 1986). Die durch die Informationstechnologien möglich gewordene Streuung machte die Städte keineswegs obsolet, da sich in ihnen wichtige Steuerungsfunktionen konzentrieren. Darüber hinaus erfüllen die Global Cities, wie ich meine, zwei weitere Funktionen: Erstens fungieren sie als postindustrielle Produktionsstätten der führenden Gewerbezweige unserer Zeit, des Finanz- und spezialisierten Dienstleistungsgewerbes, und zweitens erfüllen sie die Funktion transnationaler Marktplätze, auf denen Unternehmen und Staaten Finanzinstrumente und spezielle Dienstleistungen erwerben können.

Die mit der Globalisierung einhergehende territoriale Streuung der Wirtschaftstätigkeit auf nationaler wie auf weltweiter Ebene brachte neue Formen der Konzentration hervor. Diese territoriale Streuung und die sie begleitende Konzentration in den Eigentumsverhältnissen kann aus einigen Angaben zum Wachstum der transnationalen Unternehmen und ihrer Tochtergesellschaften abgelesen werden.

Eine ähnliche Dynamik zu stärkerer globaler Integration läßt sich im Fall des Finanzgewerbes feststellen: Städte spielen hier eine immer bedeutendere Rolle, und gleichzeitig verstärkt sich die Konzentration an der Spitze. Dabei lassen sich deutlich zwei Phasen unterscheiden. Bis zum Ende der Verschuldungskrise der Dritten Welt 1982 beherrschten die transnationalen Großbanken die Finanzmärkte sowohl im Hinblick auf den Umfang als auch hinsichtlich der Art der Transaktionen. Nach 1982 wurde diese Dominanz zunehmend von anderen Finanzinstituten und den von ihnen erzeugten wichtigen Produktinnovationen in Frage gestellt. Diese Herausforderung führte zu einer Transformation führender Teile der Finanzindustrie, und es kam zu einer starken Vermehrung der Finanzinstitute und einer raschen Internationalisierung der Finanzmärkte. Der Marktplatz gelangte in den achtziger Jahren zu neuer Bedeutung, so daß die Agglomerationsvorteile und also die Städte in einem neuen Licht erschienen. Diese Entwicklung führte zum einen zur Integration einer Vielzahl von weltweit verstreuten Märkten in ein globales System, das das Wachstum des Finanzgewerbes nach der Schuldenkrise von 1982 förderte, zum anderen zu neuen Formen der Konzentration, insbesondere der Zentralisierung des Gewerbes in wenigen führenden Finanzzentren. Würden wir uns also im Fall des Finanzgewerbes einzig auf die transnationalen Großbanken konzentrieren, so ließen wir gerade jene Sektoren des Gewerbes außer acht, die für einen Großteil des neuen Wachstums und der Produktinnovation verantwortlich sind. Und wir würden es wiederum versäumen, die ganze Bandbreite an Aktivitäten, Unternehmen und Märkten in die Analyse einzubeziehen, aus denen sich die Finanzindustrie in den achtziger Jahren zusammensetzte.

Die geographische Streuung von Fabriken, Büros und Kundendienstniederlassungen sowie die Integration einer wachsenden Zahl von Aktienmärkten rund um die Welt hätte durchaus zu einer entsprechenden Dezentralisierung der Kontroll- und zentralen Steuerungsfunktionen führen können. Dazu aber kam es nicht.

Wenn wir unser Datenmaterial über die Finanzströme nach den Standorten ordnen, an denen sich die Märkte und Unternehmenssitze befinden, so lassen sich deutliche Konzentrationsmuster feststellen. Das Datenmaterial über die Geschäftssitze von Banken und Investmentgesellschaften läßt daran keinen Zweifel. So sind 39 der weltweit 100 größten Banken und 23 der 25 größten Investmentgesellschaften in Japan, den Vereinigten Staaten und Großbritannien angesiedelt. Dieses Muster besteht trotz zahlreicher Finanzkrisen bis in die neunziger Jahre hinein fort.

Auch am Aktienmarkt läßt sich diese Verteilung veranschaulichen. Ob in Bangkok oder in Buenos Aires, überall wurden die Aktienmärkte von Staats wegen dereguliert, um ihre Beteiligung am globalen Marktsystem zu ermöglichen. Gleichwohl konzentriert sich ein Großteil der weltweiten Kapitalisierung – d. h. des Börsenwerts der öffentlich notierten Unternehmen – an wenigen führenden Aktienmärkten. Der Marktwert der Aktien inländischer Unternehmen bestätigt die führende Position weniger Städte. Im September 1987, kurz vor dem Börsenkrach, lag dieser Wert in den Vereinigten Staaten bei 2,8 Billionen US-Dollar, während er sich in Japan auf 2,89 Billionen US-Dollar belief. An dritter Stelle lag Großbritannien mit 728 Mrd. US-Dollar. Wie hoch diese Werte liegen, mag daran ermessen werden, daß die Kapitalisierung in Deutschland, das an Platz 4 rangiert und wo der Börsenwert der inländischen Unternehmen 23 Prozent des BSP ausmachte, nur 255 Mrd. US-Dollar erreichte, der Abstand zu den drei führenden Börsenplätzen also ausgesprochen groß ist.

Der Stellenwert, den dieses Niveau der Kapitalisierung in den führenden Ländern hat, geht aus einem Vergleich mit dem Bruttosozialprodukt hervor: In Japan machte die Kapitalisierung 64 Prozent des BSP aus, in den Vereinigten Staaten 119 Prozent und in Großbritannien 118 Prozent. Wie hoch die Konzentration des Finanzgewerbes mit Blick auf den Umsatz ist, zeigt die Tatsache, daß sich der größte Teil der Transaktionen in den führenden Ländern an wenigen Börsenplätzen konzentriert. In Japan entfallen 90 Prozent des Aktienhandels auf die Börse von Tokio. In den Vereinigten Staaten werden zwei Drittel des Aktienhandels in New York abgewickelt. Und in Großbritannien findet der Handel fast ausschließlich in London statt. Folglich haben wir es mit einer unverhältnismäßig hohen Konzentration der weltweiten Kapitalisierung in wenigen Städten zu tun.

Bestimmte Aspekte der territorialen Streuung der Wirtschaftsaktivität haben möglicherweie zu einer entsprechenden Streuung der Gewinne und Zersplitterung in den Eigentumsverhältnissen geführt. So lagern zahlreiche Großunternehmen einen wachsenden Teil des Fertigungsprozesses aus und lassen ihn von kleineren Zulieferbetrieben in aller Welt bewerkstelligen, während in den Schwellenländern zahlreiche nationale Unternehmen dank der Investitionstätigkeit ausländischer Firmen und des häufig über Lieferabkommen mit transnationalen Konzernen vermittelten Zugangs zum Weltmarkt hohe Wachstumsraten aufweisen. Gleichwohl findet dieses Wachstum im Rahmen einer übergreifenden Fertigungskette statt, so daß eine begrenzte Zahl von Unternehmen das Endprodukt kontrolliert und den größten Teil des Gewinns, der sich durch den Verkauf auf dem Weltmarkt ergibt, einstreicht. Sogar gewerbliche Heimarbeiter in abgelegenen ländlichen Gegenden sind in diese Kette eingebunden (Sassen 1988, Kap. 4).

Unter diesen Bedingungen schafft die territoriale Streuung der Wirtschaftstätigkeit einen Bedarf an umfassenderen zentralen Kontroll- und Manangementfunktionen, soll sie mit steter wirtschaftlicher Konzentration einhergehen. Dies wiederum trug dazu bei, die strategische Rolle bedeutender Großstädte in der Weltwirtschaft zu stärken.

Offshore-Bankenzentren

Die Offshore-Finanzzentren bilden einen weiteren wichtigen geographischen Vermittlungspunkt im Kreislauf der internationalen Finanzströme. Sie sind in erster Linie als Steueroasen zu verstehen und entstanden somit als Reaktion des Privatsektors auf staatliche

Regulierungsmaßnahmen. Ihr Ursprung geht auf die siebziger Jahre zurück, obwohl es sie in Keimform schon lange vorher gab. Die siebziger Jahre waren durch die Verknüpfung von zunehmender Internationalisierung der Wirtschaft und fortbestehenden Staatskontrollen über die Wirtschaftsentwicklung in den Industrieländern gekennzeichnet, ein Erbe der Wiederaufbauanstrengungen der Nachkriegszeit in Europa und Japan. Ein Großteil der Offshore-Bankenzentren existiert nur auf dem Papier. Auf den Cayman-Inseln zum Beispiel gibt es laut IWF Bankverbindlichkeiten in Höhe von 250 Mrd. US-Dollar. Aber obwohl es in diesem winzigen Land angeblich fünfhundert Banken aus aller Welt gibt, unterhalten dort nur neunundsechzig ein Büro und lediglich sechs sind als »wirkliche« Banken zu bezeichnen, wo man sich ein Konto einrichten und andere Bankgeschäfte tätigen kann. Die meisten anderen existieren nur auf dem Papier (Roberts i. V.; Walter 1989).

Offshore-Bankenzentren gibt es in vielen Teilen der Welt. Die meisten asiatischen Offshore-Bankenzentren sind in Singapur und Hongkong ansässig, aber auch Manila und Taipei haben es zu einiger Bedeutung gebracht. Im Nahen Osten ging die Führungsrolle 1975 von Beirut auf Bahrain über. Andere, kleinere Zentren der Region sind Kuwait, Dubai, Malta und Zypern. Die Hauptzentren im südpazifischen Raum befinden sich in Australien und Neuseeland, kleinere Zentren auf Vanuatu, den Cook-Inseln sowie auf Nauru, während Tonga und Westsamoa diese Funktion erst anstreben. Im Indischen Ozean häufen sich die Zentren auf den Seychellen und auf Mauritius. In Europa führt die Schweiz, gefolgt von Luxemburg, die Liste an. Dahinter kommen Zypern, Madeira, Malta, die Isle of Man und die Kanalinseln. Mehrere kleinere Bankenplätze – Gibraltar, Monaco, Liechtenstein, Andorra und Campione – versuchen, im Wettbewerb mit den etablierten Zentren zu bestehen. In der Karibik haben wir Bermuda, die Cayman-Inseln, die Bahamas, die Turks- und Caicos-Inseln sowie die britischen Jungferninseln.

Warum gibt es diese Offshore-Bankenzentren überhaupt? Berechtigt ist diese Frage vor allem angesichts der umfassenden Deregulierung der wichtigsten Finanzmärkte in den achtziger Jahren und der

Einrichtung von »freien internationalen Finanzzonen« in mehreren Großstädten der Industrieländer. Das beste Beispiel dafür ist der Euromarkt, der in den sechziger Jahren entstand und mit London als Hauptzentrum rasch expandierte. Des weiteren ist die Schaffung internationaler Bankfazilitäten in den Vereinigten Staaten, insbesondere in New York, zu nennen. So erhielten die US-Banken 1981 die Erlaubnis, Sonderfazilitäten einzurichten, mit denen sie unter Umgehung der Reservevorschriften und der Zinsbegrenzungen Einlagen von ausländischen Geldgebern annehmen können. In Tokio schließlich entwickelte sich 1986 eine Bankfazilität, die es ermöglicht, Transaktionen auf dem asiatischen Dollarmarkt vor Ort abzuwickeln. Dadurch konnte Tokio einen Teil des Kapitals, das zuvor in Hongkong, Singapore und Bahrain, den Zentren des asiatischen Dollarmarkts, umgesetzt wurde, an sich ziehen.

Im Gegensatz zu den großen internationalen Finanzplätzen bieten die Offshore-Bankenzentren eine gewisse zusätzliche Flexibilität: Sie gewährleisten die Geheimhaltung, stehen »heißem« Geld offen, ermöglichen gewisse »legitime« Operationen, die auf den deregulierten Märkten der großen Finanzzentren nicht gerade erlaubt sind, und bieten den internationalen Konzernen die Gelegenheit, Steuern zu sparen. So werden die Offshore-Bankenzentren nicht nur für Euromarkt-Transaktionen genutzt, sondern auch für verschiedene Buchungsvorgänge, die darauf abzielen, keine oder möglichst wenig Steuern zu zahlen.

Im Prinzip sind auch die Londoner Euromärkte Teil der Offshore-Märkte. Sie wurden eingerichtet, um die mit Blick auf die Anpassung der Wechselkurse und den Ausgleich von Zahlungsbilanzungleichgewichten geltenden Spielregeln zu umgehen, die 1945 als Teil des Abkommens von Bretton Woods beschlossen wurden. Das Bretton Woods-Abkommen legte einen rechtlichen Rahmen für internationale Transaktionen fest, an den sich die Regierungen und Banken etwa bei internationalen Devisengeschäften zu halten hatten. Ursprünglich waren die Euromärkte ein Eurodollarmarkt, auf dem Banken aus den Vereinigten Staaten und anderen Ländern unter Umgehung der amerikanischen Rechtsbestimmungen Finanzgeschäfte in US-Dollar abwickeln konnten. Im Laufe des letzten Jahrzehnts kamen aber auch andere Währungen hinzu.

»Offshore« bedeutet dabei nicht immer »in Übersee« oder »im Ausland«, sondern im Grunde nur, daß der Markt weniger reguliert, der rechtliche Rahmen also lockerer ist als »onshore«, wobei letztgenannter Terminus Unternehmen und Märkte beschreibt, die nicht unter diese Sondergesetzgebung fallen. Zwischen den On- und Offshore-Märkten herrscht Wettbewerb. Im Zuge der Deregulierung der achtziger Jahre floß insbesondere in New York und London viel Offshore-Kapital wieder zurück auf die Onshore-Märkte, ein Umstand, der die Entscheidung der amerikanischen und britischen Regierung, mit der Deregulierung der Finanzmärkte fortzufahren, nicht unwesentlich beeinflußte. Londons vielbeachteter »Big Bang« ebenso wie der weniger beachtete »petit bang« in Paris waren Meilensteine auf dem Weg zur Deregulierung der Finanzmärkte.

Die Euromärkte spielen im internationalen Finanzgeschäft eine herausragende Rolle. Nach Angaben der Bank für Internationalen Zahlungsausgleich BIZ nahm der Umfang der Eurodevisenmärkte von 9 Mrd. US-Dollar im Jahr 1964 auf 57 Mrd. US-Dollar im Jahr 1970 und 661 Mrd. US-Dollar im Jahr 1981 zu. Dieses Wachstum wurde durch die Ölkrise kräftig vorangetrieben. Gegen Ende der siebziger Jahre machte sich der Druck in Richtung Deregulierung in den Vereinigten Staaten immer stärker bemerkbar. Damals standen die Eurodevisenmärkte im Mittelpunkt der internationalen Finanztransaktionen; in den achtziger Jahren wurden sie von den Eurobonds und Euroanleihen – die »offshore«, also außerhalb der regulativen Rahmenbedingungen gehandelt werden – abgelöst. Entscheidend war in den achtziger Jahren auch das Instrument der Verbriefung, womit einst nichthandelbare Schuldenformen handelsfähig gemacht wurden.

Die Offshore-Bankenzentren entwickelten sich in den siebziger Jahren ausgehend von Steueroasen, und genau darin unterscheiden sie sich unter anderem von den Euromärkten. Manche Offshore-Zentren fungieren heute als bloße Steueroasen, während einige ältere Steueroasen sich zu ausgereiften Offshore-Bankenzentren entwickelt haben. Viele Offshore-Zentren haben sich auf bestimmte Sparten des Bank- und Assekuranzgeschäfts oder andere Finanztransaktionen spezialisiert. Sie gruppieren sich zum Teil um die drei in verschiedenen Zeitzonen liegenden Hauptfinanzzentren New York, London und Tokio und unterstützen die dort abgewickelten Geschäfte mit bestimmten Dienstleistungen. Allerdings beziehen sich nicht sämtliche Offshore-Aktivitäten auf die Geschäftsvorgänge in den Hauptzentren, und auch der Standort der Offshore-Zentren ist nicht ausschließlich durch die verschiedenen Zeitzonen bestimmt.

Kurz, die Offshore-Bankenzentren stellen einen hochspezialisierten Standort für bestimmte internationale Finanztransaktionen dar. Darüber hinaus fungieren sie als Pufferzone für den Fall, daß die Regierungen der führenden Finanzzentren der Welt beschließen sollten, die Finanzzentren erneut zu regulieren. Unter dem breiteren Blickwinkel der weltweiten Finanzoperation bilden sie einen Teil der internationalen Kapitalmärkte, die sich nunmehr in den Global Cities befinden.

Schlußbemerkung: Nach der Pax Americana

Die Weltwirtschaft war zu keiner Zeit wirklich weltumfassend, sondern hatte schon immer mehr oder weniger deutliche Grenzen. Und obwohl die jeweils dominierenden Gewerbezweige dabei stets eine führende Rolle spielten, standen in jeder Epoche andere Industriezweige im Mittelpunkt, was das Gefüge der Weltwirtschaft deutlich beeinflußte. Schließlich wandelte sich auch das institutionelle Gefüge, das der Weltwirtschaft Zusammenhalt verlieh, angefangen von den früheren Imperien, über das Quasi-Imperium der Pax Americana – der Periode der politischen, wirtschaftlichen und militärischen Vorherrschaft der Vereinigten Staaten – bis hin zu deren Zusammenbruch in den siebziger Jahren.

Mit dem Zusammenbruch der Pax Americana und dem gleichzeitigen Bedeutungsgewinn der wiederaufgebauten Volkswirtschaften Westeuropas und Japans auf den internationalen Finanzmärkten hebt eine neue Phase in der Entwicklung der Weltwirtschaft an. Die Spezialisten auf diesem Gebiet sind sich weitgehend darüber einig, daß sich um die Mitte der siebziger Jahre neue Weltwirtschaftsstrukturen herauskristallisierten. Hier ist zunächst von Bedeutung, daß die internationalen Transaktionen nicht mehr entlang der Nord-Süd-Achse, sondern zunehmend von Westen nach Osten verlaufen. Im Zuge dieser geographischen Verschiebung wurden bedeutende Teile Afrikas und Lateinamerikas von den Weltmärkten für Fertigprodukte und Rohstoffe teilweise abgehängt. Zweitens kam es bei den Auslandsdirektinvestitionen zu einem enormen Bedeutungsgewinn der Dienstleistungen, während die Rolle der internationalen Finanzmärkte ebenfalls drastisch zunahm. An dritter Stelle ist der Zusammenbruch des Bretton-Woods-Systems zu nennen, das den institutionellen Rahmen bildete, in dem sich die Weltwirtschaft seit dem Ende des Zweiten Weltkriegs entwickelt hatte – ein Zusammenbruch, der deutlich mit dem Niedergang der Vereinigten Staaten als einziger wirtschaftlicher und militärischer Großmacht zusammenhing, wobei sich die japanischen und europäischen MNK und Großbanken zu Hauptkonkurrenten der amerikanischen Unternehmen entwickelten.

Dieser strukturelle Wandel bildet den Hintergrund, auf dem sich die Position verschiedener Städtetypen im derzeitigen Gefüge der Weltwirtschaft verstehen läßt. Eine begrenzte Zahl von Großstädten fungieren dabei als Standorte der Hauptfinanzmärkte und der führenden Firmen, die spezialisierte Dienstleistungen erbringen. Gleichzeitig gingen zahlreiche andere Großstädte ihrer Bedeutung als führende Exportzentren des produzierenden Gewerbes verlustig, und zwar genau aufgrund der erwähnten Dezentralisierung der Produktion. Dieser mit Blick auf die weltwirtschaftliche Bedeutung einzelner Großstädte zu beobachtende Wandel bildet den Gegenstand des folgenden Kapitels.

3
Neue Ungleichheiten zwischen den Städten

Die im vorigen Kapitel beschriebenen Tendenzen weisen auf die Entstehung neuartiger Städtesysteme hin, die auf der globalen und transnational-regionalen Ebene angesiedelt sind. In diesen Systemen fungieren Städte als entscheidende Knotenpunkte, an denen die internationale Wirtschaftsaktivität von Unternehmen, Märkten und sogar von ganzen Volkswirtschaften, die ja zunehmend transnational strukturiert sind, koordiniert wird und die dazu erforderlichen Dienstleistungen erbracht werden. Diese Städte sind als strategische Orte innerhalb der globalen Wirtschaft zu betrachten. Die meisten Städte aber, auch die meisten Großstädte, gehören nicht zu diesen neuen transnationalen Städtesystemen.

Im Normalfall deckt sich der Umfang eines Städtesystems mit dem eines Nationalstaats. Entsprechend legen die meisten Untersuchungen – mit wenigen Ausnahmen (Walters 1985; Chase-Dunn 1984) – den Nationalstaat als analytische Einheit zugrunde. Wir fragen dagegen: Wie wirkt sich die Globalisierung der Wirtschaft auf die einzelnen nationalen Städtesysteme aus? Hat die Globalisierung wichtiger Gewerbezweige, etwa der Automobilindustrie oder des Finanzgewerbes, einen prägenden Einfluß auf die unterschiedlichen nationalen Städtesysteme? Wir wollen uns im folgenden mit der Frage beschäftigen, wie sich die Schwerpunktverlagerung hin zum Dienstleistungssektor und die Globalisierung der Wirtschaft auf die beiden in der Forschungsliteratur über Städte ausgemachten Haupttypen von Städtesystemen auswirken: die »balanced urban systems« – die ausbalancierten oder multipolaren Städtesysteme – und die »primate urban systems« – die unipolaren Städtesysteme, in denen eine einzige Stadt die absolute Vorrangstellung einnimmt. Die westeuropäischen Länder werden üblicherweise als gute Beispiele für ausbalancierte Städtesysteme betrachtet; als Paradebeispiel für letztere gelten die lateinamerikanischen Länder, da sich ein übermäßiger Teil der Bevölkerung und der wichtigsten Wirtschaftsaktivitäten dort in einer einzigen Stadt – im Normalfall: der Hauptstadt – zusammenballen. Neuere Forschungen weisen allerdings auf drastische Veränderungen in diesen beiden Regionen hin.

In den ersten beiden Abschnitten dieses Kapitels wollen wir untersuchen, wie sich die Globalisierung der Wirtschaft auf die genannten Typen von Städtesystemen auswirkt. Im dritten Abschnitt wenden wir uns der Entstehung *transnationaler Städtesysteme* zu.

Die Auswirkungen auf die primate urban systems am Beispiel Lateinamerika und der Karibik

Daß zahlreiche Regionen der Welt – Lateinamerika, die Karibik, große Teile Asiens und bis zu einem gewissen Grad auch Afrika – lange Zeit durch die nationale Vorrangstellung einer einzigen Stadt geprägt waren, ist in der Literatur reichhaltig belegt (Abreu u. a. 1989; Dogan/Kasarada 1988; Hardoy 1975; Lee 1989; Linn 1983; Lozano/Duarte 1991; Stren/White 1989). Solche Städte zeichnen sich dadurch aus, daß sie einen unverhältnismäßig großen Teil der Bevölkerung, der Arbeitsplätze und des Bruttosozialprodukts auf sich vereinigen. So entfallen auf den Großraum São Paulo 36 Prozent des brasilianischen Inlandsprodukts und 48 Prozent des industriellen Nettoprodukts. In der Dominikanischen Republik werden 70 Prozent des Handels und der Bankgeschäfte in Santo Domingo abgewickelt, wo auch 56 Prozent des landesweiten Wachstums im produzierenden Gewerbe erwirtschaftet werden. Und in Peru zeichnet Lima für 43 Prozent des Bruttoinlandsprodukts verantwortlich.

Lateinamerikanische und karibische Städte (Auswahl)

51

Die Vorrangstellung einer Stadt ist weder allein durch ihre absolute Größe bedingt, noch bedeutet die schiere Größe einer Stadt zwangsläufig, daß sie eine Vorrangstellung einnimmt. Ob eine Stadt eine Vorrangstellung einnimmt, ist eine Frage der Relation, d. h. ihres relativen Stellenwerts innerhalb eines gegebenen nationalen Städtesystems. Einige der größten Ballungsgebiete der Welt haben durchaus keine Vorrangstellung inne. New York etwa gehört zwar zu den zwanzig weltweit größten Städten, besitzt angesichts der multipolaren Beschaffenheit des amerikanischen Städtesystems jedoch keinen Vorrang vor anderen amerikanischen Städten. Darüber hinaus befinden sich die Städte mit Vorrangstellung nicht ausschließlich in den Entwicklungsländern – obgleich die Unipolarität dort am extremsten ist –, denn auch Tokio und London können in mancher Hinsicht als Städte mit Vorrangstellung gelten. Die sogenannten Megacities schließlich haben innerhalb ihres jeweiligen nationalen Städtesystems teils Vorrangstellung, teils aber auch nicht. So befinden sich unter den zwanzig weltweit größten Ballungsgebieten einige Städte – etwa New York, Los Angeles, Tianjin, Osaka und Shanghai –, die nicht unbedingt eine nationale Vorrangstellung innehaben, während andere, wie zum Beispiel Paris und Buenos Aires, als Städte mit einem niedrigen Grad an Vorrangstellung zu verstehen sind.

Die Vorrangstellung einer Stadt sowie der Status als Megacity werden eindeutig durch das Bevölkerungswachstum genährt – ein Prozeß, der wohl auch in Zukunft nicht zum Stillstand kommen wird. Die verfügbaren Daten deuten darauf hin, daß ein ständig wachsender Teil der Weltbevölkerung, insbesondere in den Entwicklungsländern, in Städten leben wird. Wie in den Industrieländern ist das Städtewachstum auch in den Entwicklungsländern unter anderem das Ergebnis der Suburbanisierung eines wachsenden Teils der Bevölkerung. Je höher das Entwicklungsniveau, desto höher ist mit großer Wahrscheinlichkeit auch der Grad der Verstädterung. So lebten in Argentinien 1985 84,6 Prozent der Bevölkerung in städtischen Verdichtungsräumen, ein ähnlich hoher Anteil wie in den hochentwickelten Ländern. Im Gegensatz dazu lag der Grad der Urbanisierung in Algerien und Nigeria mit 42,6 beziehungsweise 31 Prozent weit unter dem Niveau der Industrieländer. Andere Länder besitzen trotz ihres sehr niedrigen Urbanisierungsgrades ausgedehnte städtische Ballungsgebiete. Da sie offenkundig zu den bevölkerungsreichsten Ländern der Erde zählen, büßt der Indikator »Urbanisierungsgrad« mit Blick auf unsere Problematik einiges an Aussagekraft ein.

In der Literatur über Lateinamerika, die sich mit der Thematik der Vorrangstellung von Städten befaßt, herrscht mit Blick auf die Beschreibung der dabei wesentlichen Strukturmerkmale weitgehendes Einverständnis; bei der Interpretation dieser Daten gehen die Meinungen aber auseinander. Zahlreiche Studien weisen darauf hin, daß die nationale Vorrangstellung einer einzigen Stadt in den Ländern Lateinamerikas immer drastischere Formen annimmt und es also nicht, wie als Resultat der »Modernisierung« zu erwarten wäre, zur Herausbildung eher ausbalancierter nationaler Städtesysteme kommt (Edel 1986; El-Shakhs 1972; Roberts 1976; Smith 1985; Walters 1985). Als Schlüsselfaktoren, die wachsende Vorrangstellung unterstützen, werden genannt: der Zerfall der ländlichen Wirtschaftseinheiten, die mit der Vertreibung der Kleinbauern und der Ausdehnung landwirtschaftlicher Großbetriebe einhergeht, sowie die weiterhin ungleiche räumliche Verteilung institutioneller Ressourcen (Kowarick u. a. 1991; PREALC 1987).

Weniger bekannt und dokumentiert ist hingegen, daß der Grad der Vorrangstellung einzelner Städte in manchen, wenn auch nicht in allen Ländern Lateinamerikas seit den achtziger Jahren rückgängig ist. Dieser Trend wird das Wachstum der Megacities zwar nicht bremsen, dennoch scheint es angebracht, ihn ein wenig detaillierter zu erörtern, da er zum Teil eine Folge der wirtschaftlichen Globalisierung ist und also widerspiegelt, wie sich globale Prozesse lokal durchsetzen. Im Zuge des Übergangs zu exportorientierten Entwicklungsstrategien entstanden neue Wachstumspole, die sich den Migranten als Alternative zu den Städten mit Vorrangstellung anboten (Landell-Mills u. a. 1989; Portes/Lungo 1992a, 1992b).[1] Dieser Über-

---

1 Vgl. auch den Sonderfall solcher Grenzstädte, die – wie etwa Tijuana – im Zuge

gang hing hauptsächlich mit der Ausdehnung des Warenhandels und der Auslandsdirektinvestitionen der multinationalen Konzerne zusammen.

Eine der besten Informationsquellen zu diesen Entwicklungen ist die umfangreiche Städtestudie über die Karibik, an der unter Leitung von Portes und Lungo zahlreiche Forscher mitwirkten.[2] Die Karibik hat mit Blick auf die nationale Vorrangstellung einzelner Städte eine lange Geschichte. Portes und Lungo haben die Städtesysteme von Costa Rica, Guatemala, Haiti, Jamaika und der Dominikanischen Republik untersucht – Länder mithin, die die ungeheure kulturelle und sprachliche Vielfalt dieser Region widerspiegeln und mit Blick auf ihre Kolonialgeschichte, ihre ethnische Zusammensetzung, ihren wirtschaftlichen Entwicklungsstand und ihre politische Stabilität weitgehende Unterschiede aufweisen. In den achtziger Jahren entstanden durch die exportorientierte Entwicklungsstrategie – ein Eckstein der Caribbean Basin Initiative – und den intensiven Ausbau der Tourismusbranche neue Wachstumspole. Wie sich an den verfügbaren Daten ablesen läßt, stellten sich diese Wachstumspole den Arbeitsmigranten ebenso wie zahlreichen Unternehmen als Alternative zu den Städten mit nationaler Vorrangstellung dar. Das Wachstum der Vorstädte zog einen Teil der Bevölkerung aus den Städten mit nationaler Vorrangstellung ab, führte aber auch dazu, daß der Großraum dieser Städte immer dichter besiedelt wurde. Besonders deutlich lassen sich diese Trends zum Beispiel an Jamaika ablesen, wo der Index, der den Grad der Vorrangstellung einer Stadt angibt, zwischen 1960 und 1990 von 7,2 auf 2,2 zurückging, weitgehend ein Resultat der

---

der Internationalisierung der Produktion in der Grenzregion zwischen den Vereinigten Staaten und Mexiko regelrecht explodierten und sich zu einem der wichtigsten Ziele von Migranten entwickelten (Sanchez/Alegria 1992). Auch die neuen freien Produktionszonen in China zogen eine große Zahl Migranten aus zahlreichen Landesteilen an (Sklair 1985).

2 Die Karibik umfaßt nach der hier verwendeten Definition die Inselstaaten zwischen Florida und der südamerikanischen Nordküste sowie die unabhängigen Staaten der zentralamerikanischen Landenge, nicht jedoch die größeren Länder, die an das Karibische Meer angrenzen.

Entwicklung der Tourismusbranche in der nördlichen Küstenregion, der Wiederbelebung des exportorientierten Bauxitabbaus im Landesinnern und des Wachstums der Satellitenstädte am Rande des Großraums Kingston.

In manchen Ländern der Karibik zeitigte die Entstehung neuer Wachstumspole jedoch gegenteilige Folgen. In Costa Rica – ein Land, mit einem eher ausbalancierten Städtesystem – führte die Förderung der exportorientierten Industrieproduktion und des Tourismus tendenziell dazu, einen wachsenden Teil der Wirtschaftstätigkeit im Großraum von San José, der Stadt mit Vorrangstellung, und in den umliegenden Städten, etwa Cartago, zu konzentrieren. Im Fall von Guatemala schließlich sind sowohl die exportorientierte Industrieproduktion wie auch die Tourismusbranche weit weniger entwickelt, was in erster Linie der äußerst gewalttätigen politischen Lage geschuldet ist (Jonas 1992). Exportinduziertes Wachstum gibt es hier nach wie vor ausschließlich im landwirtschaftlichen Sektor. Die nationale Vorrangstellung von Guatemala City ist eine der ausgeprägtesten in ganz Lateinamerika, da sich in Guatemala kaum eine andere Stadt zu einem Wachstumspol entwickelt hat. Erst in den letzten Jahren wirkten sich die Bemühungen, eine exportorientierte Landwirtschaft zu entwickeln, auf einige mittlere Städte wachstumsfördernd aus. So wuchsen etwa die Kaffee- und Baumwollzentren rascher als die Hauptstadt Guatemala City.

Durch den wachsenden Zustrom von Auslandsdirektinvestitionen seit 1991 nahm die Bedeutung der wichtigsten lateinamerikanischen Geschäftszentren – genannt seien Mexiko City, São Paulo und Buenos Aires – weiter zu. Wie wir in Kapitel 2 sahen, erklärt sich dieses Wachstum zu einem wesentlichen Teil aus den einschlägigen Privatisierungsmaßnahmen. Parallel zu der über die Privatisierung zahlreicher Unternehmen und sonstige Maßnahmen ermöglichte Zunahme der Auslandsdirektinvestitionen wurden die Finanzmärkte und andere, wichtige ökonomische Institutionen dereguliert. Da die Aktienbörse und andere Finanzmärkte bei dieser sich zunehmend komplexer gestaltenden Investitionstätigkeit eine zentrale Rolle spielen, nahm die wirtschaftliche Bedeutung der Städte, in denen diese

Institutionen angesiedelt sind, weiter zu. Und da die Investitionen in privatisierte Unternehmen und andere oft damit zusammenhängende Investitionsobjekte überwiegend in Mexiko, Argentinien und Brasilien getätigt wurden, machen sich die Auswirkungen des massiven Kapitalzuflusses besonders im Unternehmens- und Finanzsektor von Mexiko City, Buenos Aires und São Paulo bemerkbar. Deutlich erkennbar entwickeln sich in diesen Städten ähnliche strukturelle Bedingungen wie in den wichtigsten westlichen Städten: hochdynamische Finanzmärkte und ein spezialisierter Dienstleistungssektor; eine *Überbewertung* der Wirtschaftsleistung, der Unternehmen und der Beschäftigten dieser Sektoren und eine entsprechende *Entwertung* der anderen Wirtschaftsbereiche. Wir werden darauf in Kapitel 4 noch zurückkommen.

Mit einem Wort: Die Globalisierung der Wirtschaft wirkte sich auf die lateinamerikanischen und karibischen Städte und Städtesysteme auf die unterschiedlichste Weise aus. In manchen Fällen trug sie zur Entstehung von neuen Wachstumspolen außerhalb der wichtigsten städtischen Ballungszentren bei, so im Fall der Entwicklung von exportorientierten Produktionszonen, der exportorientierten Landwirtschaft und der Tourismusbranche. In anderen Fällen nahm das Gewicht der städtischen Ballungsgebiete mit Vorrangstellung im Zuge der wirtschaftlichen Globalisierung weiter zu, weil die neuen Wachstumspole innerhalb dieser Gebiete entstanden. Den dritten Fall bilden die wichtigsten Geschäfts- und Finanzzentren der Region, von denen manche immer stärker an die globalen Märkte und die wichtigsten internationalen Geschäftszentren der entwickelten Länder angebunden wurden.

Die globalen Wirtschaftsprozesse setzen sich mithin in Form dreier verschiedenartiger Standorttypen durch: den Produktionszonen, den Tourismuszentren und den Hauptgeschäfts- und Finanzzentren. Daneben gibt es einen riesigen Bereich von Groß- und Kleinstädten sowie Dörfern, an dem die neue internationale Wachstumsdynamik völlig vorbeigeht. Diese Abkoppelung ist, wie gesagt, keine bloße Frage der Stadtgröße, gibt es doch weitgespannte Zulieferketten, durch die auch zahlreiche in kleinen Ortschaften lebende Arbeiter an die Weltmärkte angebunden sind. Entscheidend ist vielmehr, wie diese sich entwickelnden transnationalen Wirtschaftssysteme in sich gegliedert und bestimmte Standorte in den weniger entwickelten Ländern an die Märkte und Wirtschaftsstandorte der hochentwickelten Industrieländer angebunden sind. Allem Anschein nach trug die Durchsetzung globaler Prozesse dazu bei, den Zusammenhang zwischen den einzelnen Städten wie auch zwischen den verschiedenen innerstädtischen Wirtschaftssektoren weiter zu zerreißen, so daß manche Städte und Wirtschaftssektoren in die globale Wirtschaft eingegliedert, andere dagegen ausgegrenzt werden. Dies stellt einen neuen Typus interurbaner Ungleichheit dar, der sich von der althergebrachten Ungleichheit, die die innerstädtischen Verhältnisse ebenso prägte wie das Gefüge der jeweiligen nationalen Städtesysteme, insofern unterscheidet, als sie weitgehend auf die *Durchsetzung* einer globalen Dynamik zurückgeht, sei es nun in Form der Internationalisierung von Produktion und Finanzgewerbe oder des Ausbaus des internationalen Tourismus.

Die Auswirkungen auf die balanced urban systems am Beispiel Europa

Vor kurzem wurde eine bedeutende, von der Europäischen Gemeinschaft EU geförderte Studie abgeschlossen, die sich mit der langfristigen Entwicklung verschiedener europäischer Städte beschäftigt (eine Zusammenfassung findet sich in European Institute of Urban Affairs 1992 und Kunzmann/Wegener 1991; vgl. Eurocities 1989). Eines der interessantesten Ergebnisse dieser Untersuchung ist vielleicht der in demographischer wie wirtschaftlicher Hinsicht zu verzeichnende neuerliche Bedeutungsgewinn der europäischen Großstädte. In den sechziger und siebziger Jahren hatten die meisten, wenn nicht alle europäischen Großstädte einen Rückgang der Bevölkerung und der Wirtschaftstätigkeit zu gewärtigen, während kleinere Städte sowohl demographisch als auch wirtschaftlich wuchsen. Ein ähnliches

Europäische Städte (Auswahl)

Entwicklungsmuster sahen wir schon in den Vereinigten Staaten, wo dieser Prozeß die Form wachsender Vorstädte annahm.

Zahlreiche Wissenschaftler in Europa wie in den Vereinigten Staaten stellten daher die Behauptung auf, mit Ausnahme der alten historischen, kulturell bedeutenden Zentren hätten die Großstädte sowohl für die Menschen als auch für die Wirtschaft viel von ihrem bisherigen Nutzen eingebüßt. Das in den sechziger und siebziger Jahren weitverbreitete Wachstum kleinerer europäischer Städte wurde als Hinweis auf den nach wie vor ausbalancierten Charakter der westeuropäischen Städtesysteme interpretiert. Und in der Tat wiesen und weisen die Städtesysteme der westeuropäischen Länder weltweit den höchsten Grad an Ausbalaciertheit auf. Wie wir jetzt jedoch wissen, verzeichneten die wichtigsten europäischen Großstädte in den achtziger Jahren, insbesondere in der zweiten Hälfte des Jahrzehnts, erneut Bevölkerungs- und beachtliches Wirtschaftswachstum. Ausnahmen bildeten hier einige europäische Großstädte mit Randlage: Marseille, Neapel und Großbritanniens alte Industriestädte Manchester und Birmingham. Entsprechend verlangsamte sich das Wachstum der kleineren Städte oft ausgesprochen drastisch.

Diese Trends können auf vielfältige Weise interpretiert werden. So könnte man einerseits behaupten, die demographischen Verschiebungen seien so geringfügig, daß sich an den Strukturmerkmalen der europäischen Städtesysteme im Grunde nichts geändert hat und wir es also sowohl innerhalb der einzelnen Länder als auch auf westeuropäischer Ebene mit ausbalancierten Städtesystemen zu tun haben. Andererseits könnte man aber auch argumentieren, daß wichtige Städte zu erneuter Bedeutung gelangen, da der wirtschaftliche Wandel, wie wir ihn in allen Industrieländern beobachten können, organisatorische und räumliche Auswirkungen auf diese Städte hat. Die EU-Studie bezieht sich auf frühere Forschungsergebnisse, wonach die letztgenannte Interpretation mit dem Datenmaterial über 24 europäische Städte übereinstimmt (vgl. Eurocities 1989).

In organisatorischer wie in räumlicher Hinsicht wirken sich die neueren wirtschaftlichen Entwicklungen auf die verschiedenen Städtesysteme höchst unterschiedlich aus. Manche Städte werden an transnationale Netze angebunden, während andere von den Hauptzentren des Wirtschaftswachstums in ihrer Region oder ihrem Land abgekoppelt werden. Wie aus einer Überarbeitung des EU-Berichts sowie aus anderen großangelegten Untersuchungen über die europäischen Städte hervorgeht, lassen sich mit Blick auf die Rekonfiguration der westeuropäischen Städtesysteme mindestens drei unterschiedliche Tendenzen feststellen. Erstens kam es zur Herausbildung mehrerer subeuropäischer, regionaler Zusammenhänge (CEMAT 1988; Kunzmann/Wegener 1991). Zweitens konnte eine begrenzte Zahl von Städten innerhalb des Territoriums der alten EWG und einiger angrenzender Staaten (Österreich, Dänemark und Griechenland) ihre Rolle in dem sich herauskristallisierenden europäischen Städtesystem stärken. Schließlich sind einige dieser Städte auch Teil eines auf globaler Ebene agierenden Städtesystems.

Aber auch für die länderspezifischen Städtesysteme in Europa haben die genannten Entwicklungen Konsequenzen. Die traditionellen nationalen Städtesysteme wandeln sich. Städte, die in ihrem Land einst eine beherrschende Rolle spielten, rücken in den Hintergrund, während andere Städte, die in Grenzregionen angesiedelt sind oder als Verkehrsknotenpunkte fungieren, zu neuer Bedeutung gelangen. Darüber hinaus ziehen die neuen Global Cities Europas mitunter einen Teil der Geschäfts- und Investitionstätigkeit sowie der Nachfrage nach spezialisierten Dienstleistungen, von der zuvor die Hauptstädte oder regionale Zentren profitierten, an sich. Städte an der Peripherie hingegen bekommen zu spüren, was es bedeutet, nicht zum Zentrum der neuen Raumordnung zu gehören.

So verlieren in peripheren Regionen gelegene Städte ebenso wie zahlreiche alte Hafenstädte infolge der neuen Hierarchien immer mehr an Boden und finden sich zunehmend im Aus der wichtigsten europäischen Städtesysteme wieder (Castells 1989; Häußerman/Siebel 1987; Parkinson u. a. 1989; Roncayolo 1990; Siebel 1984; van den Berg u. a. 1982; Vidal u. a. 1990). Einige dieser an den Rand gedrängten Städte, die sich durch eine überalterte Industriestruktur auszeichnen, gelangten mit neuen Funktionen und als Teil neuer Netze abermals zu Bedeutung, so zum Beispiel Lille in Frankreich und Glasgow in Großbritannien. Andere haben ihre volkswirtschaftlichen Funktionen verloren und werden sie in absehbarer Zukunft wohl auch nicht wiedererlangen. Und wieder andere entwickeln sich zu Tourismuszentren und Standorten von Zweitwohnungen oder Ferienhäusern. Eine wachsende Zahl von Deutschen und Briten mit hohem Einkommen erwerben zum Beispiel Landhäuser und »Schlösser« in Irland; andere Europäer folgen ihrem Beispiel. Die Schönheit der irischen Landschaft ist zu einem gut Teil eine Hinterlassenschaft der Armut, denn ganze Regionen blieben von der Industrialisierung verschont. Wollen sich solche Gegenden zu transnationalen Zentren des Tourismus und Standorten von Ferienhäusern entwickeln, so dürfen sie die industrielle Entwicklung nicht vorantreiben, sondern müssen vielmehr ihre qualitativ hochwertige Umwelt erhalten.

Darüber hinaus werden aufgrund der Veränderungen in der Verteidigungspolitik, die der Umbruch im Osten mit sich brachte, auch jene Städte einen Bedeutungsverlust zu gewärtigen haben, die im Rahmen der nationalen Verteidigungssysteme vormals als wichtige Produktionszentren und Befehlszentralen fungierten. Kleinere Hafenstädte, aber auch größere, die es versäumt haben, ihre Infrastruktur aufzurüsten und zu modernisieren, geraten im Wettbewerb mit den großen, modernisierten Hafenstädten Europas arg ins Hintertreffen. Marseille etwa, einst eine bedeutende Hafenstadt, die im Mittelmeerraum strategisch hervorragend plaziert war, mußte seine in Europa führende Rolle an Rotterdam und einige andere große Hafenstädte, die einen hochmodernen Hafenverbund bilden, abtreten. Nichts scheint dafür zu sprechen, daß die alten Industriezentren auf der Grundlage jener Industriezweige, die einst ihr Herzstück bildeten, in naher Zukunft wieder zu neuem Leben erwachen werden. Am schwersten haben es sicherlich die kleineren und mittleren Städte in abgelegenen, randständigen Gebieten, die völlig von Kohle und Stahl abhingen. Sie haben ihre Umwelt wohl zu sehr vernutzt, als daß ihnen die Möglichkeit offenstünde, sich zu Tourismuszentren zu entwickeln.

Nach Ansicht von Kunzmann und Wegener (1991) werden die Großstädte zum Teil auch deshalb weiterhin eine beherrschende Rolle spielen, weil sie als High-Tech- und Dienstleistungszentren im

Wettbewerb um europäische und außereuropäische Investitionen eindeutig in einer besseren Ausgangsposition sind (vgl. Deecke u. a. 1993). Zusätzlich verschärfen wird sich diese räumliche Polarisierung durch die Entwicklung einer Hochgeschwindigkeits-Transportinfrastruktur und Kommunikationskorridore, die tendenziell nur zwischen den für die hochentwickelte Wirtschaft wesentlichen Hauptzentren eingerichtet werden (Masser u. a. 1990). Lille zum Beispiel gelangte aufgrund seiner Lage im Herzen von Westeuropa als Verkehrs- und Kommunikationsknotenpunkt zu neuer Bedeutung; die einst sterbende Industriestadt ist heute Schauplatz umfangreicher Infrastrukturprojekte.

Andere Städte wiederum, die bisher eher peripheren Status hatten, könnten in Zukunft durchaus eine Rezentralisierung erleben. Aachen, Straßburg, Nizza, Lüttich, Arnheim und andere kleinere Städte werden vom europäischen Binnenmarkt wohl insoweit profitieren, als sie ihr Einzugsgebiet und ihre Drehscheibenfunktion für den europäischen Raum ausweiten können. Durch den Wandel in Osteuropa wird die Bedeutung der westeuropäischen Städte zunehmen, die wie Hamburg, Kopenhagen und Nürnberg vor dem II. Weltkrieg ausgedehnte interregionale Beziehungen unterhielten – was die Position anderer randständiger Städte in diesen Regionen mit großer Wahrscheinlichkeit schwächen wird. Die Städte in der Grenzregion zu Osteuropa könnten ihre alte Bedeutung wiedererlangen oder neue Funktionen übernehmen. So entwickeln sich Wien und Berlin zu internationalen Geschäftszentren mit Drehscheibenfunktion nach Mitteleuropa.[3]

---

3 Die durch die Wiedervereinigung und die neuerliche Hauptstadtrolle bedingte Stärkung Berlins könnte Verschiebungen im Kräftegleichgewicht zwischen Budapest, Wien und Berlin nach sich ziehen. Zahlreiche Beobachter sind der Auffassung, daß sich Berlin zum wichtigsten internationalen Geschäftszentrum für Mitteleuropa entwickeln wird, so daß Budapest und Wien an Bedeutung entsprechend verlieren werden. Möglich wäre aber auch, daß die drei Städte für die gesamte Region ein regionales, dabei transnational orientiertes Städtesystem bilden und durch Wettbewerb *und* Aufgabenteilung das Geschäftspotential der Region insgesamt stärken werden.

Schließlich werden wohl auch die osteuropäischen Hauptstädte Budapest, Prag und Warschau einen Teil ihrer Vorkriegsbedeutung wiedererlangen. Budapest ist in dieser Hinsicht ein hervorragendes Beispiel: Gegen Ende der achtziger Jahre hatte sich die Stadt zum führenden internationalen Geschäftszentrum Mittelosteuropas entwickelt, was sich daran ablesen läßt, daß Ungarn in dieser Region die meisten Auslandsdirektinvestitionen anzog. Obwohl die Höhe der Investitionen in absoluten Zahlen niedriger lag als in der ehemaligen Sowjetunion, kommt in ihr prozentual gesehen zum Ausdruck, daß Ungarn eine weit stärkere Internationalisierung erlangt hat. Denn die westeuropäischen und außereuropäischen Unternehmen, die sich in Osteuropa geschäftlich betätigen wollten, richteten ihre Büros hauptsächlich in Budapest ein. Die Stadt besitzt nunmehr eine nach westlichem Vorbild herausgeputzte Geschäftsenklave, die allen erforderlichen Komfort, Hotels, Restaurants und sonstige private Dienstleistungen bietet, was von den meisten anderen bedeutenden osteuropäischen Städten noch nicht behauptet werden kann.

Es steht zu erwarten, daß die Immigration zunehmen und das Bild vieler europäischer Städte dauerhaft prägen wird; wir werden darauf in Kapitel 5 noch ausführlich zu sprechen kommen (Balbo/Manconi 1990; Brown 1984; Canevari 1991; Cohen 1987; Gillette/Sayad 1984; Tribalat u. a. 1991).[4] Städte, die als Eingangstor nach Europa fungieren, werden wachsende Migrantenströme aus Osteuropa, Afrika und dem Nahen Osten zu gewärtigen haben. Viele dieser Städte, insbesondere die alten Hafenstädte Marseille, Palermo und Neapel, die wirtschaftlich jetzt schon im Niedergang begriffen sind, werden die zusätzlichen Arbeitskräfte und Kosten kaum bewältigen können (Mingione 1991). Mögen diese Städte auch weitgehend nur als Durchgangsstationen fungieren, während ein mehr oder weniger

---

4 Diese Entwicklung ist keineswegs außergewöhnlich. Arbeitsmigranten gibt es nunmehr in allen Industrieländern der Welt. Sogar Japan, das für seine immigrantenfeindliche Haltung bekannt ist, hat es erstmals in seiner Geschichte mit einer legalen wie illegalen Einwanderung zu tun (AMPO 1988; Asian Women's Association 1988; Iyotani 1989; Morita/Sassen 1994; Sassen 1991, Kap. 9).

großer Teil der Immigranten in dynamischere Städte weiterzieht, so wird die örtliche Immigrantenbevölkerung tendenziell gleichwohl zunehmen.

Durch die Überlastung ihrer Infrastruktur und Sozialeinrichtungen werden diese Durchgangs-Städte in der Rangordnung der führenden Städte Europas weiter nach unten rutschen, wodurch sich die interurbane Polarisierung verschärfen wird. Andererseits kristallisieren sich Paris, Frankfurt und einige andere, als wichtige Verkehrsknotenpunkte fungierende Global Cities in Europa für zahlreiche Einwanderer als Migrationsziel heraus, so daß die Immigranten dort einen wachsenden Teil der Bevölkerung und der Beschäftigten bilden (Gillette/Sayad 1984; Body-Gendrot u. a. 1992; Blaschke/Germershausen 1989). Berlin, das sich nach Ansicht mancher Beobachter langsam zu einer Global City entwickelt, ist wie Wien ein bevorzugtes Wanderungsziel der neuen Migranten. In der Vergangenheit waren Berlin und Wien Zentren regionaler Migrationssysteme, und allem Anschein nach wird das auch in Zukunft wieder so sein. Thessaloniki, Triest und andere kleinere, als Eingangstor nach Europa fungierende Städte scheinen hingegen tatsächlich nur als Durchgangsstationen zu dienen und die damit einhergehenden Probleme im Gegensatz zu Marseille, Palermo oder Neapel daher besser lösen zu können.

Wirtschaftsgeographisch gliedert sich Europa derzeit also in eine Vielzahl von Zusammenhängen, die sei's im Zentrum, sei's am Rand der modernen Wirtschaft angesiedelt sind. Im Zentrum haben wir zum einen eine Rangordnung wichtiger Städte – Paris, London, Frankfurt, Amsterdam und Zürich –, die im globalen Städtesystem vielfach eine zentrale Rolle spielen. Ein bedeutendes Netz von Finanz-, Kultur- und Dienstleistungszentren – manche mit nur einer, andere mit mehreren der genannten Funktionen – tragen zu einer kohärenten europäischen Region bei und sind weniger an der globalen Wirtschaft orientiert als Paris, Frankfurt und London. Und was den Rand, also Ost- und Südeuropa betrifft, so lassen sich auch hier ausgeprägte Unterschiede feststellen. In Osteuropa wirken manche Städte und Regionen auf potentielle europäische und außereuropäische Investoren durchaus anziehend, während andere, insbesondere

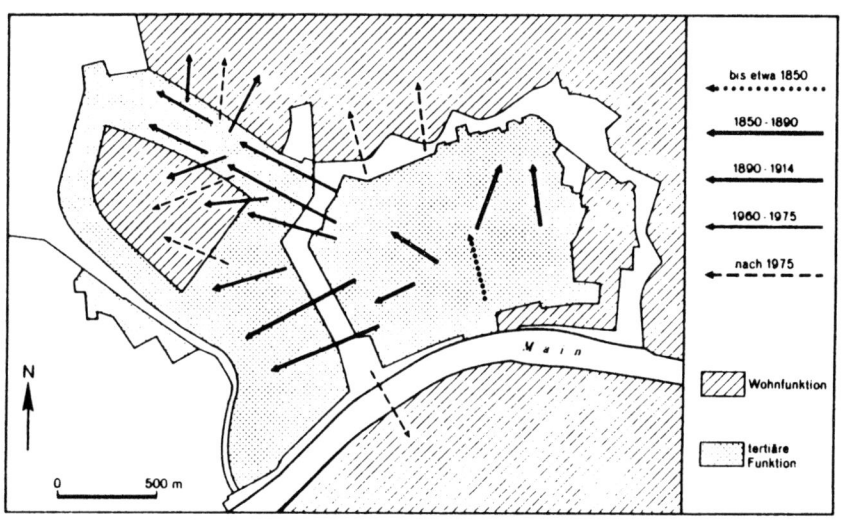

Ausweitung der Frankfurter City (Gaebe 1987: 121)

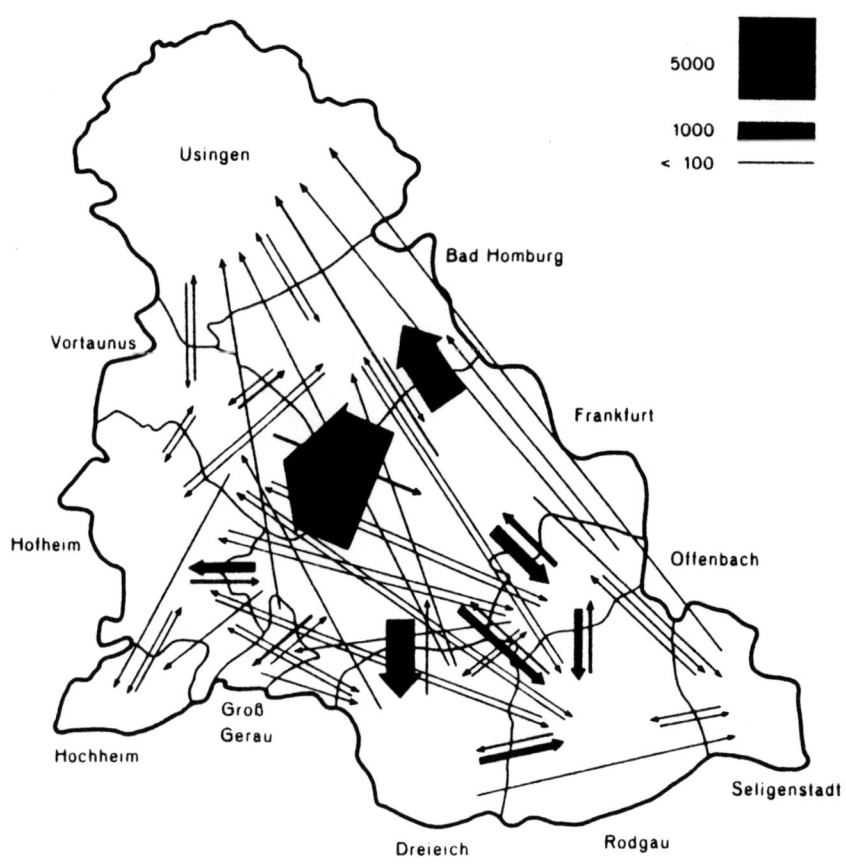

Verlagerung von Arbeitsplätzen im Dienstleistungsbereich im Umlandverband Frankfurt (Gaebe 1987: 123)

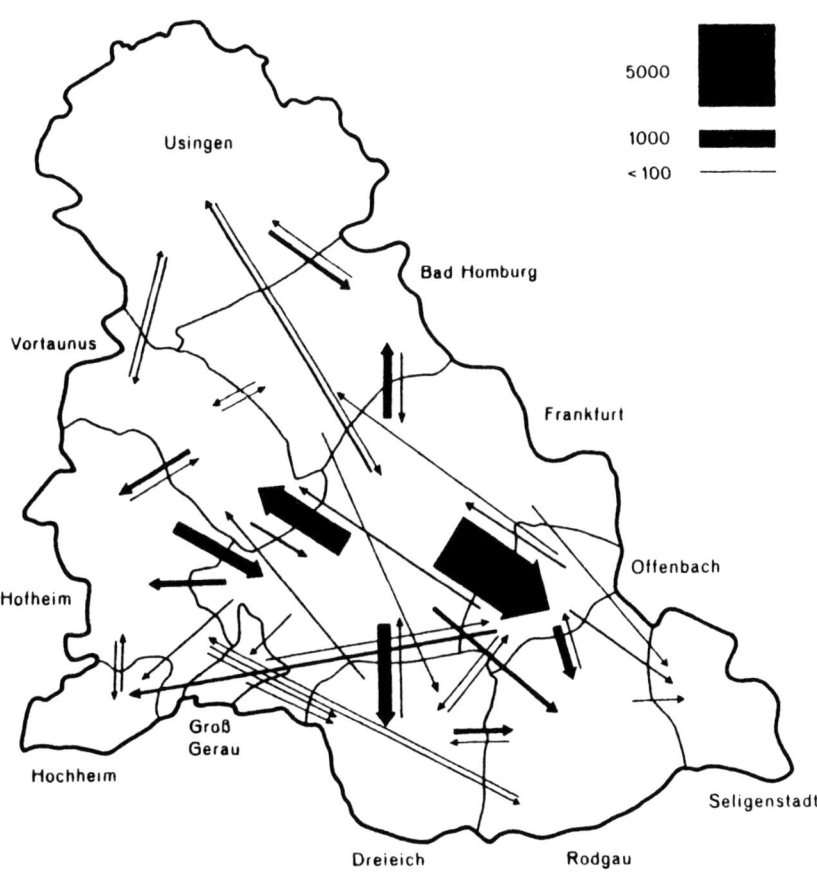

Verlagerung von Arbeitsplätzen des produzierenden Gewerbes im Umlandverband Frankfurt (Gaebe 1987: 102)

in Rumänien, Ex-Jugoslawien und Albanien, immer weiter zurückfallen. Eine ähnliche Ausdifferenzierung findet sich im Süden Europas: Madrid, Barcelona und Mailand steigen in der neuen europäischen Rangordnung auf, während sich Neapel, Rom und Marseille auf dem absteigenden Ast befinden.

Transnationale Städtesysteme

Eine rasch anwachsende und hochspezialisierte Forschungsliteratur beschäftigt sich mit den verschiedenen wirtschaftlichen Verknüpfungen von Städten über nationale Grenzen hinweg (Castells 1989; Daniels 1991; Leyshon/Daniels/Thrift 1987; Noyelle/Dutka 1988; Sassen 1991). An erster Stelle sind hier die multinationalen, aus Tochtergesellschaften und Zweigniederlassungen bestehenden Netze größerer Unternehmen im produzierenden und spezialisierten Dienstleistungsgewerbe zu nennen. Die Internationalisierung und die Deregulierung der verschiedenen Finanzmärkte ist eine weitere, neuere Entwicklung, die Städte grenzüberschreitend miteinander verknüpft. Deutlich wird dieses Phänomen an der wachsenden Zahl von rund um den Globus angesiedelten Aktienbörsen, die in einen einzigen globalen Wertpapiermarkt eingebunden sind. Darüber hinaus gibt es eine wachsende Zahl von Verknüpfungen, die nur indirekt ökonomischer Natur sind. Dazu gehören zahlreiche Initiativen, die von den Stadtverwaltungen selbst ergriffen werden – was auf eine Art Außenpolitik von Städten für Städte hinausläuft. Der langen Tradition der Städtepartnerschaften, deren Zahl neuerdings drastisch zunimmt (Zelinsky 1991), könnte eine ganz neue Bedeutung zukommen, wenn Städte unter Umgehung ihrer jeweiligen Staatsregierung auf internationaler Ebene aktiv werden.

Das detaillierteste Datenmaterial über die transnationale Verknüpfung von Städten stammt aus Untersuchungen über unternehmensorientierte Dienstleistungsunternehmen. Diese Firmen haben umfangreiche multinationale Netze aufgebaut, die geographisch und institutionell so strukturiert sind, daß potentielle Kunden – wozu in erster Linie transnationale Unternehmen und Banken gehören – ein zunehmend breitgefächertes Angebot an Dienstleistungen vom selben Anbieter beziehen können (Daniels 1991; Leyshon u.a. 1987; Noyelle/Dutka 1988). Vieles weist darauf hin, daß der Aufschwung der transnationalen unternehmensorientierten Dienstleistungsfirmen mit den Bedürfnissen der transnationalen Konzerne zusammenhängt. Die transnationale Werbeagentur ist in der Lage, eine globale Werbekampagne zu organisieren, die sich weltweit an einen spezifischen Kundenkreis wendet. Ferner: Um die globale Integration zahlreicher Tochtergesellschaften und Märkte zu ermöglichen, ist der Einsatz hochentwickelter Informations- und Telekommunikationstechnologien erforderlich, die auf der Kostenseite stark ins Gewicht fallen können – und zwar nicht nur was die allgemeinen Betriebskosten angeht, sondern auch und vor allem mit Blick auf die F&E-Kosten für die Entwicklung neuer und die Verbesserung alter Produkte.

Die Notwendigkeit von *scale-economies* erklärt auch die neuerliche Zunahme der Unternehmensfusionen und -käufe, wodurch einige wenige Großunternehmen der genannten Branchen ihre Stellung weiter festigen konnten. Dies trägt ebenfalls zur grenzüberschreitenden Verknüpfung zwischen allen Standorten, an denen die benötigten Telekommunikationseinrichtungen in konzentrierter Form vorhanden sind. Diese Großunternehmen beherrschen nunmehr einen bedeutenden Teil der nationalen und internationalen Märkte. Die drastische Zunahme der Auslandsdirektinvestitionen im Bereich der Dienstleistungen hängt dabei eng mit dem hohen Konzentrationsgrad in dieser Branche zusammen, wobei die größeren Firmen ihren Marktanteil im Laufe der siebziger Jahre weiter ausbauen konnten. Dies gilt insbesondere für Unternehmen, die Dienstleistungen für Großunternehmen erbringen. Und da viele größere Unternehmen Teile ihrer Aufträge an Subunternehmer vergeben und der Markt sich in hochspezialisierte Teilmärkte ausdifferenziert, können in den Hauptgeschäftszentren auch kleinere unabhängige Firmen gedeihen (Parkinson u.a. 1989; Sassen 1991; Stanback/Noyelle 1982; vgl. Lash/Urry 1987).

Die Entwicklung im Bereich der Buchhaltung, der Werbung und der Rechtsberatung spiegelt diese Tendenzen wider (Leyshon u. a. 1987; Noyelle/Dutka 1988; Thrift 1987). Die neun führenden Buchführungsunternehmen konnten ihren Anteil am Gesamthonorar, das die Buchprüfung der Großunternehmen abwirft, weiter ausbauen. Dagegen ging der Marktanteil der kleineren, unabhängigen Wirtschaftsprüfungsfirmen zwischen 1971 und 1981 in Großbritannien von 28 Prozent auf 14 Prozent, in Kanada von 58 Prozent auf 1 Prozent und in Australien von 64 Prozent auf 29 Prozent zurück. Im Großraum London entfielen zwei Drittel des von den neun weltweit führenden Buchführungsunternehmen erwirtschafteten Gesamthonorars auf nur vier Firmen. Noch beeindruckender ist vielleicht, daß die acht führenden Wirtschaftsprüfungsunternehmen 40 Prozent des weltweiten Gesamthonorars auf sich vereinigten, wobei auch die großen Inlandsmärkte berücksichtigt sind. Gleichzeitig gedeihen auf den hochspezialisierten Märkten in London, New York und anderen Großstädten aber auch kleinere unabhängige Wirtschaftsprüfer.

Um die Mitte der achtziger Jahre beherrschten die fünf weltweit größten Werbeagenturen 38 Prozent des westeuropäischen und jeweils 56 Prozent des lateinamerikanischen und pazifischen Marktes (Noyelle/Dutka 1988: 6-13). Im Jahr 1987 entfielen 27 Prozent der weltweiten Werbeeinnahmen auf die zehn führenden Agenturen. Im Bereich der internationalen Rechtsberatung wiesen die größten Unternehmen mit zahlreichen Niederlassungen und Tochtergesellschaften in Übersee hohe Wachstumsraten auf. Aufgrund der Verbindungen zwischen den international agierenden Rechtsberatungsfirmen und Finanzinstituten konzentrieren sich erstere in den wichtigsten Finanzzentren. Die zehn führenden ausländischen Rechtsberatungsunternehmen in Hongkong zum Beispiel stammen zur Hälfte aus Großbritannien und zur Hälfte aus den Vereinigten Staaten.

Inwiefern die genannten Verknüpfungen zur Herausbildung transnationaler Städtesysteme geführt haben, ist weniger klar und zum Teil eher eine Frage der Theorie und der Konzeptualisierung. Da sich die Sozialwissenschaften analytisch fast ausschließlich im Rahmen des

Nationalstaats bewegen, ist die Konzeptualisierung von Prozessen und Systemen als transnational höchst umstritten. Nicht einmal die Literatur über Weltstädte oder Global Cities geht notwendig von der Existenz eines transnationalen Städtesystems aus. Mitunter wird einfach behauptet, daß die globalen Städte auf transnationaler Ebene die üblichen Funktionen zentraler Orte erfüllen. Offen bleibt dabei die Frage, wie der Zusammenhang zwischen den Global Cities beschaffen ist. Wenn wir annehmen, daß sie im Grunde nur um einen möglichst großen Anteil am globalen Geschäft konkurrieren, dann bilden sie kein transnationales System. Untersuchungen über mehrere Global Cities fallen dann in den Bereich der traditionellen vergleichenden Forschung. Wenn wir hingegen davon ausgehen, daß diese Städte nicht nur miteinander konkurrieren, sondern gleichzeitig als miteinander verwobene Schauplätze von transnationalen Prozessen fungieren, dann können wir untersuchen, inwiefern diese Städte in einem dynamischen Systemzusammenhang stehen.

An anderer Stelle (Sassen 1991, Kap. 1 u. 7) habe ich die Auffassung vertreten, daß die Global Cities nicht nur – wie Hall (1966), Friedmann und Wolff (1982) und Sassen-Koob (1982) ausführten – die Funktionen eines zentralen Orts erfüllen, sondern systemisch auf verschiedene Weise miteinander zusammenhängen. Die Finanz- und Investitionstransaktionen zwischen New York, London und Tokio etwa können zum Teil als »Produktionskette« im Bereich des Finanzgewerbes aufgefaßt werden. So war Tokio Mitte der achtziger Jahre der Hauptexporteur des Rohstoffs, den wir Geld nennen, während New York entsprechend als weltweit führendes Verarbeitungszentrum fungierte. Denn in New York wurde ein Großteil der neuen Finanzinstrumente erfunden und Geld – sei es in Rohform oder in Form von Schulden – zu Instrumenten verarbeitet, die einen möglichst großen Gewinn abwerfen sollen. London wiederum fungierte als wichtigstes Zwischenlager, weil es das nötige Netzwerk besaß, um die auf zahlreichen kleineren Finanzplätzen rund um die Welt verfügbaren kleineren Kapitalmengen zentralisieren und konzentrieren zu können – eine Funktion, die zum Teil auf das alte Netzwerk im Rahmen der Verwaltung des British Empire zurückgeht.

Das ist nur ein Beispiel dafür, daß diese Städte nicht nur miteinander konkurrieren, sondern allem Anschein nach ein wirtschaftliches System bilden, das auf den genannten drei, durch diese Städte repräsentierten Standorttypen beruht. Ferner deutet vieles darauf hin, daß der stärkere transnationale Zusammenhalt zwischen den führenden Finanz- und Geschäftszentren mit einer Schwächung der Verbindung dieser Städte mit ihrem jeweiligen Hinterland und ihrem jeweiligen nationalen Städtesystem einhergeht (Sassen 1991). Städte wie Detroit, Liverpool, Manchester, Marseille, die Städte im Ruhrgebiet und zunehmend auch Nagoya und Osaka haben unter der national wie international zu beobachtenden territorialen Dezentralisierung zahlreicher Schlüsselindustrien zu leiden. Dieser Dezentralisierungsprozeß förderte das Wachstum der spezialisierten Dienstleistungsbranche, ohne die die Organisation räumlich verteilter Produktionsprozesse und ein globales Marktmanagement schlicht undenkbar ist. Repräsentativ ist hier der Fall General Motors, ein Konzern, der neben seinem Geschäftssitz in Detroit auch ein Hauptbüro in Manhattan unterhält, das sämtliche spezialisierte Finanzgeschäfte erledigt, die der Betrieb dieses Konzernriesen erfordert. Die Produktion dieser hochspezialisierten Vorleistungen – internationale Rechtsberatung, Buchführung und -prüfung, Management-Consulting und Finanzdienstleistungen – ist eher in Geschäfts- und Finanzzentren als in Industriestädten konzentriert.

Schlußbemerkung: Städtewachstum und seine vielfältigen Bedeutungen

Die neueren Entwicklungen im Bereich der Städtesysteme deuten in mehrere Richtungen. In den Entwicklungsländern wachsen die Megacities und die Städte mit Vorrangstellung weiter an, während sich gleichzeitig – bedingt durch die Internationalisierung der Produktion und die Entwicklung des Tourismus – neue Wachstumspole herausbilden. In einigen Fällen ziehen diese Wachstumspole neue Migranten an und tragen so dazu bei, daß sich die nationale Vorrangstellung bestimmter Städte nicht noch weiter ausprägt. In anderen Fällen, wo sich die Wachstumspole im Einzugsbereich dieser Städte befinden, sind entgegengesetzte Wirkungen zu beobachten.

In den Industrieländern, insbesondere in Westeuropa, konnten die wichtigsten Großstädte ihre Stellung erneut festigen und einen bedeutenden, oft unverhältnismäßig großen Teil der Wirtschaftsaktivität führender Gewerbezweige an sich ziehen. In den siebziger Jahren ging die Bevölkerung und die Wirtschaftsaktivität in vielen Großstädten der hochentwickelten Industrieländer zurück. Damals wurde viel über den endgültigen Niedergang dieser Städte geschrieben. Seither ging es jedoch wieder aufwärts, und das ist zu einem gut Teil auf folgende zwei Entwicklungen zurückzuführen: erstens auf die Verlagerung hin zu Dienstleistungen, insbesondere auf die in sämtlichen hochentwickelten Volkswirtschaften feststellbare Ausweitung der Finanz- und spezialisierten Dienstleistungen; und zweitens auf die wachsende Transnationalisierung der Wirtschaftstätigkeit, deren Wirkungen sowohl auf regionaler, kontinentaler und globaler Ebene erkennbar sind. Diese beiden Entwicklungen hängen eng miteinander zusammen und verstärken sich gegenseitig. Unter räumlichen Gesichtspunkten ergibt sich daraus eine ausgeprägte Tendenz zur Agglomeration der betreffenden Branchen in den wichtigsten Städten. Diese städtische Wachstumsdynamik beruht weitgehend auf den Standortbedürfnissen oder -präferenzen der Unternehmen, während das städtische Wachstum in den weniger entwickelten Ländern überwiegend auf die Zunahme der Bevölkerung zurückgeht, die wesentlich durch inländische Wanderungsbewegungen bedingt ist.

Durch die Transnationalisierung der Wirtschaftstätigkeit nahmen die Intensität und das Volumen der zwischenstädtischen Transaktionen zu; ob sich dadurch transnationale, globale Städtesysteme herausbildeten, ist umstritten. Das Wachstum der globalen Märkte für Finanz- und spezialisierte Dienstleistungen, der durch die drastische Zunahme der internationalen Investitionstätigkeit bedingte Bedarf an transnationalen Dienstleistungsnetzen, die geringere Rolle des Staates bei der Regulierung der internationalen Wirtschaftstätigkeit und der entsprechende Aufstieg anderer institutioneller Arenen, insbesondere der globalen Märkte und der Konzernzentralen – all das weist auf die Existenz wirtschaftlicher Arrangements mit einer Vielzahl von Standorten, verteilt auf mehrere Länder, hin. Zumindest in Ansätzen kann man darin die Herausbildung eines transnationalen Städtesystems erblicken.

Da diese Städte eine deutliche Weltmarktorientierung aufweisen, stellt sich die Frage, welche Beziehungen sie zu ihrem jeweiligen Einzugsbereich und zum Staatsgebiet insgesamt unterhalten. Im Normalfall waren und sind die Städte tief in die wirtschaftlichen Gegebenheiten ihrer Region eingebettet und spiegeln deren charakteristische Züge oft deutlich wider. Städte jedoch, die als strategische Standorte in der globalen Wirtschaft fungieren, tendieren vielfach dazu, sich aus ihren regionalen Bezügen herauszulösen. Dieses Phänomen steht auch im Widerspruch zu einer Grundaussage der traditionellen Forschung, derzufolge Städte die territoriale Integration regionaler und nationaler Wirtschaftszusammenhänge fördern.

Wenn wir uns abschließend noch einmal die geographische Struktur und die charakteristischen Züge der verschiedenen Städtesysteme vor Augen halten, so werden zwei Tendenzen erkennbar, die zu neuen Formen der Ungleichheit zwischen Städten beitragen. Auf der einen Seite bildet sich ein zunehmend enger werdender transnationaler Zusammenhang zwischen den Städten heraus, und das sowohl auf länderübergreifender regionaler wie auch auf globaler Ebene. In manchen Fällen kommt es dabei zu einer Überlagerung verschiedener Bezugssysteme: Paris oder London zum Beispiel sind nicht nur in ihr jeweiliges nationales Städtesystem, sondern auch in das transnationale europäische und in das globale Städtesystem eingebunden. Auf der anderen Seite werden diejenigen Städte und Gebiete, die sich außerhalb dieser Hierarchie befinden, zunehmend an den Rand gedrängt.

4
Die neue urbane Ökonomie: die Durch-dringung von globalen Prozessen und Raum

Wie stellt sich die Internationalisierung von Management, Finanz und Dienstleistungen in den Städten dar, die in der Weltwirtschaft als regionale oder globale Knotenpunkte fungieren? Und wie sieht die Arbeit aus, die im Rahmen der globalen Steuerungsfunktionen und Dienstleistungsoperationen in diesen Städten verrichtet wird?

Wollen wir verstehen, welche neue und umfassendere Rolle eine bestimmte Art von Stadt seit Beginn der achtziger Jahre in der Welt-wirtschaft spielt, müssen wir uns auf das Zusammenwirken zweier Hauptprozesse konzentrieren. Da ist zunächst die drastisch zuneh-mende Globalisierung der Wirtschaftätigkeit, die wir in Kapitel 2 erörtert haben. Durch die Globalisierung der Wirtschaft wurden die internationalen Transaktionen immer umfangreicher und vielschich-tiger, was zu einer Ausweitung des Aufgabenbereichs multinationaler Konzernzentralen und der unternehmensorientierten Dienstleistun-gen führte. Dabei gilt es festzuhalten, daß diese Tätigkeiten nicht nur auf Weltniveau, sondern bei entsprechend geringerer Komplexi-tät auch im kleineren, regionalen Maßstab anzutreffen sind, etwa bei Firmen, die nur regional tätig sind. Obwohl diese regional orien-tierten Firmen also nicht mit der Vielschichtigkeit grenzüber-schreitender Transaktionen und den Regulierungsmaßnahmen ver-schiedener Länder konfrontiert sind, müssen sie dennoch mit einem regional gespannten Netz an wirtschaftlichen Abläufen zurechtkom-men, was zentralisierte Kontrollfunktionen und Dienstleistungen erfordert.

Der zweite Prozeß, den wir ins Auge fassen müssen, ist die wachsende Dienstleistungsintensität in der Organisation sämtlicher Industriezweige (vgl. Sassen 1991, Kap. 5). Diese Entwicklung führte in allen Gewerbezweigen – vom Bergbau über die Industrie und das Finanzgewerbe bis hin zu den haushaltsorientierten Dienstleistungen – zu einem wachsenden Bedarf an Dienstleistungen. Wichtigster Standort für die Produktion solcher Dienstleistungen sind Städte. Mit der zunehmenden Dienstleistungsintensität in der Organisation sämtlicher Industriezweige wuchsen in den achtziger Jahren daher auch die Städte. Wichtig ist dabei, daß diese Zunahme an unternehmensorientierten Dienstleistungen auf allen Ebenen des Städtesystems eines Landes anzutreffen ist. Manche Städte versorgen nur regionale oder subnationale Märkte, andere die nationalen Märkte und wieder andere die globalen Märkte. Globalisierung wird in diesem Zusammenhang zu einer Frage des Umfangs und der wachsenden Komplexität.

Wesentlich unter dem Blickwinkel der urbanen Ökonomie ist jedoch der in allen Industriezweigen feststellbare wachsende Bedarf an Dienstleistungen sowie die Tatsache, daß diese Dienstleistungen – ob auf globaler, nationaler oder regionaler Ebene – in erster Linie in Städten erbracht werden. Im Ergebnis sehen wir, wie im Herzen der Städte neue Banken- und Dienstleistungszentren entstehen, die an die Stelle der älteren Bürokomplexe treten, in denen produktionsbezogene Verwaltungsaufgaben erledigt wurden.

Was die Städte betrifft, die als internationale Hauptgeschäftszentren fungieren, deuten die dort konzentrierte Wirtschaftsmacht, die Höhe der Gewinne und der Umfang der Wirtschaftstätigkeit auf die Herausbildung einer neuen urbanen Ökonomie hin. Und dies mindestens in zweierlei Hinsicht. Erstens: Obwohl diese Städte bereits seit langem als Geschäfts- und Finanzzentren dienen, kam es seit dem Ende der siebziger Jahre zu dramatischen Veränderungen in der Struktur der verschiedenen Geschäfts- und Finanzzweige, wobei der absolute Umfang dieser Sektoren wie auch ihr Gewicht in der städtischen Wirtschaft drastisch zunahm. Zweitens brachte der Aufstieg des neuen Finanz- und Dienstleistungskomplexes das hervor, was man als ein neues Wirtschaftsregime bezeichnen könnte; denn obwohl dieser Komplex nur einen Teil der Wirtschaftsaktivität einer Stadt ausmacht, wirkt er auf die ganze Stadt prägend. So kam es vor allem zu einer Entwertung des produzierenden Gewerbes, weil dort nicht die Superprofite erwirtschaftet werden können, die für das Finanzgewerbe weithin den Normalfall bilden.

Das heißt freilich nicht, daß sich die Wirtschaft dieser Städte völlig verändert hätte. Im Gegenteil, noch immer weisen sie auffallende Ähnlichkeiten mit Städten auf, die nicht als globale Knotenpunkte fungieren. Die Durchsetzung der globalen Prozesse und Märkte bedeutet vielmehr, daß sich der internationalisierte Wirtschaftssektor drastisch ausgeweitet und eine neue Dynamik der *Bewertung* in Gang gesetzt, d. h. einen neuen Kriterienkatalog hervorgebracht hat, anhand dessen die verschiedenen Wirtschaftsaktivitäten und -ergebnisse bewertet und also ihr Preis festgesetzt wird. Das hat für weite Bereiche der urbanen Ökonomie verheerende Folgen. Durch das hohe Preis- und Gewinniveau im internationalisierten Sektor sowie in den damit zusammenhängenden Bereichen – etwa im Hotel- und Gaststättengewerbe der Spitzenklasse – wird es für die anderen Sektoren zunehmend schwieriger, wettbewerbsfähig zu bleiben. Viele dieser anderen Sektoren befinden sich auf dem absteigenden Ast und/oder wurden verdrängt; so werden etwa Tante-Emma-Läden, die auf die örtlichen Bedürfnisse zugeschnitten waren, durch teure Boutiquen und Restaurants ersetzt, die nur für die neuen besserverdienenden Eliten erschwinglich sind.

In beschränkterem Maße waren diese Tendenzen gegen Ende der achtziger Jahre auch in einigen, in die verschiedenen Weltmärkte integrierten Großstädten in den Entwicklungsländern zu beobachten: so in São Paulo, Buenos Aires, Bangkok, Taipei und Mexico City, um nur wenige zu nennen. Auch in diesen Städten wuchs der neue urbane Kern infolge der Deregulierung der Finanzmärkte, des Aufstiegs des Finanz- und spezialisierten Dienstleistungsgewerbes sowie der Integration in die Weltmärkte. Institutionell entscheidend waren dabei die Öffnung der Aktienmärkte für ausländische Anleger und die Privatisierung einst staatlicher Unternehmen. Da manche dieser

Städte ungeheure Ausmaße haben, sind die Folgen, die die neuen Geschäftszentren für die Stadt insgesamt haben, dort zwar nicht immer so spürbar wie in London oder Frankfurt, aber real sind die dadurch bewirkten Veränderungen durchaus.

Wir möchten in diesem Kapitel die charakteristischen Züge dieses Wirtschaftssektors untersuchen, der die urbane Ökonomie der hochinternationalisierten Städte beherrscht. Zunächst werden wir die unternehmensorientierten Dienstleistungen, die den zentralen Sektor der neuen urbanen Ökonomie bilden, sowie die Bedingungen erörtern, die das Wachstum und die Standortstruktur dieser Dienstleistungssektoren bestimmen. Anschließend wenden wir uns der Frage zu, wie in den wichtigsten Städten ein neuer Komplex von unternehmensorientierten Dienstleistungen entstand, wobei wir uns beispielhaft auf die Koordinations- und Planungserfordernisse der transnationalen Konzerne beziehen. Darüber hinaus beschäftigen wir uns mit der Standortverteilung der größeren Konzernzentralen, um zu verstehen, was die hohe Konzentration an Konzernzentralen in Städten bedeutet. Abschließend untersuchen wir, wie sich die internationale Finanz- und Immobilienkrise, die Ende der achtziger Jahre ausbrach, auf die urbane Ökonomie auswirkte.

Die unternehmensorientierten Dienstleistungen

Ein herausragendes Merkmal des derzeitigen Wirtschaftswachstums in den Industrieländern ist die Expansion der unternehmensorientierten Dienstleistungen. Wo wir auch hinblicken, das produzierende Gewerbe befindet sich entweder im Niedergang oder zeichnet sich durch geringeres Wachstum als in der Vergangenheit aus, während die unternehmensorientierten Dienstleistungen hohe Wachstumsraten aufweisen. An anderer Stelle habe ich ausgeführt, daß sich dieses Wachstum in erster Linie aus der in allen Industriezweigen feststellbaren erhöhten Dienstleistungsintensität bei der Organisation von Unternehmen erklärt (Sassen 1991: 166ff.). Ob im produzierenden

Gewerbe oder im Großhandel, die Unternehmen fragen immer mehr Dienstleistungen von Rechts-, Finanz- und Unternehmensberatern, Werbe-Agenturen und Buchführungsfirmen nach. Diese Dienstleistungen können als Teil der Angebotskapazität einer Wirtschaft aufgefaßt werden, da sie die Anpassung an die im Wandel begriffenen wirtschaftlichen Bedingungen erleichtern (Marshall u. a. 1986: 16). Sie stellen einen Mechanismus dar, der »gegen Honorar den wirtschaftlichen Austausch organisiert« (Thrift 1987), und sind Teil eines breiteren intermediären Raums der Wirtschaftstätigkeit.

Unternehmensorientierte Dienstleistungen beziehen sich auf die finanziellen, rechtlichen und allgemeinen Managementaufgaben: Innovation, Entwicklung, Design, Verwaltung, Personalwirtschaft, Produktionstechnologie, Wartung, Transport, Kommunikation, Großhandel, Werbung, Gebäudereinigung, Sicherheitsdienst und Lagerhaltung. Zentral sind dabei eine Reihe von Wirtschaftszweigen, deren Dienste sowohl von der Wirtschaft wie auch vom Endverbraucher nachgefragt werden. Mit solchen gemischten Absatzmärkten haben es die Versicherungen, die Banken, die Immobilien-Agenturen, die Finanz-, Steuer- und Rechtsberater sowie andere Freiberufler zu tun.[1] Der überwiegende Teil des Angebots an unternehmensorientierten Dienstleistungen konzentriert sich sicherlich in den größten Städten; aber landesweit gesehen liegen die Wachstumsraten in den meisten Industrieländern noch viel höher. Der entscheidende Grund für das Wachstum der unternehmensorientierten Dienstleistungen

---

1 Die gemischten Märkte werfen Meßprobleme auf. Diese können zum Teil dadurch überwunden werden, daß die unternehmensorientierten und haushaltsorientierten Märkte vielfach von jeweils anderen Firmen mit je unterschiedlichen Standortstrukturen bedient werden und anhand dieses Kriteriums also auseinandergehalten werden können. Angesichts der Existenz von gemischten Märkten und der Tatsache, daß das statistische Material keine eindeutige Zuordnung zuläßt, scheint es hilfreich, diese Dienstleistungen als »überwiegend« unternehmensorientierte Dienstleistungen zu bezeichnen, als Dienstleistungen also, die überwiegend nicht für Haushalte, sondern für Unternehmen erbracht werden. Der Einfachheit halber hat es sich eingebürgert, sie kurz als unternehmensorientierte Dienstleistungen zu bezeichnen.

liegt darin, daß Unternehmen aus allen Wirtschaftszweigen immer mehr Dienstleistungen nachfragen. Auch die Privathaushalte tragen durch steigende Nachfrage nach Dienstleistungen zum Wachstum bei, und zwar entweder direkt, zum Beispiel indem sie ihre Steuererklärung von einem Steuerberater anfertigen lassen, oder aber indirekt, indem sie etwa Blumen oder Essen nicht mehr beim unabhängigen »Tante-Emma-Laden«, sondern bei irgendeiner »Kette« kaufen. Dienstleistungsanbieter, deren Produkte vom Endverbraucher direkt erworben werden, sind tendentiell überall dort angesiedelt, wo sich eine nennenswerte Bevölkerungskonzentration befindet. In dieser Hinsicht treten sie räumlich weit weniger geballt auf als die Anbieter von unternehmensorientierten Dienstleistungen, die führende Unternehmen bedienen. Die private Nachfrage nach spezialisierten Dienstleistungen – vom Steuerberater bis hin zum Architekten – tragen zum landesweiten Wachstum dieser Gewerbezweige entscheidend bei.

Wie die Beschäftigungsentwicklung deutlich zeigt, weisen die unternehmensorientierten Dienstleistungen in den meisten entwickelten Volkswirtschaften die höchsten Wachstumsraten auf. So nahm die Gesamtbeschäftigung in den Vereinigten Staaten zwischen 1970 und 1991 von 76,8 Mio. auf 116,9 Mio. zu, während sich die Beschäftigung im Bereich der unternehmensorientierten Dienstleistungen im gleichen Zeitraum von 6,3 Mio. auf 16,35 Mio. nahezu verdreifachte. Am schnellsten wuchs dabei der Bereich der sonstigen privaten Dienstleistungen, während die Rechtsberatung an zweiter Stelle rangierte. Im Gegensatz dazu nahm die Beschäftigung im produzierenden Gewerbe nur von 19,9 Mio. auf 20,4 Mio. zu. Andere wichtige Wachstumssektoren waren die sozialen Dienste, die von 16,9 Mio. auf 29,8 Mio. zunahmen, und die haushaltsorientierten Dienstleistungen, wo die Beschäftigung von 7,7 Mio. auf 13,7 Mio. anstieg – eine beträchtliche Zunahme, die jedoch nicht annähernd an das Wachstum im Bereich der unternehmensorientierten Dienstleistungen heranreicht. Stark zugenommen – von 17,2 Mio. auf 24 Mio. – hat auch die Beschäftigung im Bereich von Handel, Transport und Verkehr.

Ähnliche Muster lassen sich auch in anderen Industrieländern feststellen. In Japan wuchs die Gesamtbeschäftigung zwischen 1970 und
1990 von 52,1 Mio. auf 61,7 Mio. Im Bereich der unternehmensorientierten Dienstleistungen stieg die Beschäftigung um mehr als
das Doppelte von 2,5 Mio. auf 5,9 Mio., wobei das stärkste Wachstum bei den sonstigen privaten Dienstleistungen auftrat. Die Beschäftigung im produzierenden Gewerbe stieg von 13,5 Mio. auf 14,5
Mio., bei den sozialen Diensten von 5,4 Mio. auf 8,9 Mio. und bei
den haushaltsorientierten Dienstleistungen von 4,4 Mio. auf 6,3 Mio.
Wie in den Vereinigten Staaten nahm die Beschäftigung im Handel,
Transport und Verkehr auch in Japan beträchtlich zu, und zwar von
11,7 Mio. auf 15 Mio.

In Frankreich stieg die Gesamtbeschäftigung von 20 Mio. im Jahr
1968 auf 21,8 Mio. im Jahr 1989. Bei den unternehmensorientierten
Dienstleistungen verdoppelte sich die Beschäftigung von 1 Mio. auf
2,2 Mio., wobei das stärkste Wachstum wiederum im Bereich der
sonstigen privaten Dienstleistungen zu verzeichnen war. Bei den
haushaltsorientierten Dienstleistungen verdoppelte sich der Personalstand von 1,6 Mio. auf 3 Mio., während er bei den sozialen Diensten von 3 Mio. auf 4,3 Mio. und im Handel, Transport und Verkehr
von 3,7 Mio. auf 4,5 Mio. anstieg. Im verarbeitenden Gewerbe ging
die Beschäftigung dagegen von 5,4 Mio. auf 4,6 Mio. zurück.

In Großbritannien fiel die Gesamtbeschäftigung von 23,4 Mio. im
Jahr 1970 auf 21,3 Mio. im Jahr 1992. Im produzierenden Gewerbe
ging fast die Hälfte der Stellen verloren, ein Rückgang von 9 Mio. auf
4,5 Mio. Unverändert blieb die Beschäftigung im Handel, Transport
und Verkehr, während sie sich bei den unternehmensorientierten
Dienstleistungen wie in anderen Industrieländern mehr als verdoppelte, ein Anstieg von 1,2 Mio. auf 2,6 Mio. Im Bereich der sozialen
Dienste wuchs die Beschäftigung von 4,2 Mio. auf 6,1 Mio. und bei
den haushaltsorientierten Dienstleistungen von 1,9 Mio. auf 2 Mio.

In Kanada schließlich nahm die Gesamtbeschäftigung von 8,4
Mio. im Jahr 1971 auf 13,9 Mio. im Jahr 1992 zu. Bei den unternehmensorientierten Dienstleistungen verdreifachte sich die Beschäftigung von 0,5 Mio. auf 1,6 Mio., wobei zwei Drittel dieses Wachs-

tums auf die sonstigen privaten Dienstleistungen entfielen. Auch in allen anderen Dienstleistungssektoren war ein starkes Beschäftigungswachstum zu verzeichnen. Im Handel, Transport und Verkehr stieg die Beschäftigung nahezu um das Doppelte, bei den sozialen Diensten wuchs sie von 1,8 Mio. auf 3,1 Mio, bei den haushaltsorientierten Dienstleistungen von 0,6 Mio. auf 1,9 Mio. und im produzierenden Gewerbe von 1,6 Mio. auf 2 Mio.

In den letzten zehn Jahren entwickelten sich die unternehmensorientierten Dienstleistungen in vielen Städten zum dynamischsten Wachstumssektor. Am bemerkenswertesten ist hier der Fall Großbritanniens, wo nicht nur das produzierende Gewerbe einen drastischen Beschäftigungsrückgang zu verzeichnen hatte, sondern auch die Gesamtbeschäftigung fiel. Zu einer drastischen Beschäftigungszunahme kam es zwischen 1984 und 1987 dagegen bei den unternehmensorientierten Dienstleistungen in Central London; ihr Anteil an der Gesamtbeschäftigung wuchs in diesem Zeitraum von 31 auf 37 Prozent und erreichte im Jahr 1989 40 Prozent (Frost/Spence 1992). In allen anderen wichtigen Wirtschaftszweigen fiel die Beschäftigung in Central London sowohl relativ als auch absolut. Eine ähnliche Entwicklung läßt sich auch in New York City feststellen: Im Jahr 1987, auf dem Höhepunkt des Booms der achtziger Jahre, entfielen 37,7 Prozent der Beschäftigung im Privatsektor auf die unternehmensorientierten Dienstleistungen, während es 1977 erst 29,8 Prozent waren. In dieser Zeit des wirtschaftlichen Strukturwandels wiesen die meisten Sparten der unternehmensorientierten Dienstleistungen in New York hohe Wachstumsraten auf. Zwischen 1977 und 1985 wuchs die Beschäftigung im Bereich der Rechtsberatung um 62 Prozent, bei den sonstigen privaten Dienstleistungen um 42 Prozent und im Bankgewerbe um 23 Prozent. Im produzierenden Gewerbe fiel sie dagegen um 22 Prozent und im Transportwesen um 20 Prozent.

Diese drastische Beschäftigungszunahme bei den unternehmensorientierten Dienstleistungen war in den achtziger Jahren von einer zunehmenden Konzentration der Finanz- und sonstigen privaten Dienstleistungen in den wichtigsten Städten oder Stadtteilen begleitet. So arbeiteten etwa in New York 90 Prozent aller Beschäftigten des Finanz-, Versicherungs- und Immobiliengewerbes in Manhattan, wo auch 85 Prozent der Arbeitsplätze im Bereich der sonstigen privaten Dienstleistungen angesiedelt waren. Ziehen wir nur jene Komponenten der unternehmensorientierten Dienstleistungen in Betracht, die als Teil der Informationsindustrien beschrieben werden (obwohl ein großer Teil der Arbeitsplätze in der sogenannten Informationsindustrie nichts mit Informationsverarbeitung zu tun hat), so weist New York eine beträchtlich höhere Konzentration auf als jede andere amerikanische Großstadt. Um die Mitte der achtziger Jahre waren in New York 31 Prozent aller Beschäftigten in den Informationsindustrien tätig, während es im Großraum Los Angeles 17,8 Prozent und in Chicago 20,3 Prozent waren. In allen drei Städten lag dieser Anteil höher als der Landesdurchschnitt, der lediglich 15,1 Prozent betrug (vgl. Fainstein 1993).

Ob in Toronto, Sydney, Frankfurt oder Zürich, weltweit geht der Trend dahin, daß sich die Finanz- und bestimmte unternehmensorientierte Dienstleistungen in den Innenstädten der internationalen Hauptfinanzzentren konzentrieren. Bemerkenswert ist dabei, daß dieser Prozeß auch im multipolaren Städtesystem der Vereinigten Staaten feststellbar ist: Allem Anschein zum Trotz steht New York weiterhin auf Platz eins der führenden Bank- und Finanzzentren. Darüber hinaus sind die im Ballungsraum New York erbrachten Finanz- und sonstigen privaten Dienstleistungen heute stärker in Manhattan konzentriert als noch im Jahr 1956 (Harris 1991).[2]

Alle diese Städte entwickelten sich zu wichtigen Dienstleistungsexporteuren, wobei eine zunehmende Spezialisierung feststellbar ist. New York und London sind diesbezüglich im Bereich von Buch-

---

2 Im Gegensatz zu anderen amerikanischen Großstädten ist in New York ein weit größerer Anteil der einschlägigen Arbeitsplätze im Geschäftsviertel von Manhattan konzentriert: Sind es hier 27 Prozent, so liegt der Landesdurchschnitt bei nur 9 Prozent (Drennan 1989). Daß 90 Prozent der Stellen im New Yorker Finanz-, Versicherungs- und Immobiliengewerbe allein in Manhattan angesiedelt sind, bleibt allerdings die große Ausnahme.

führung und -prüfung, Werbung, Unternehmens- und internationale Rechtsberatung sowie bei den sonstigen privaten Dienstleistungen führend. Diese Städte sind die wichtigsten internationalen Märkte für solche Dienstleistungen, wobei New York die Rangliste der Dienstleistungsexporteure anführt. Aber auch Tokio entwickelt sich langsam zu einem bedeutenden Zentrum für den internationalen Handel mit Dienstleistungen, während es anfangs nur solche Dienstleistungen exportierte, die die eigenen großen internationalen Handelshäuser zur Abwicklung ihrer Geschäfte benötigten. Es steht zu erwarten, daß japanische Firmen in Zukunft einen bedeutenderen Teil des Weltmarkts für bestimmte unternehmensorientierte Dienstleistungen erobern werden (Rimmer 1988), so etwa im Bereich der Ingenieursdienstleistungen, weniger im Bereich von Werbung und Rechtsberatung. Denn während noch 1978 sechzig der 200 international führenden Bauunternehmen aus den Vereinigten Staaten kamen und nur zehn aus Japan (Rimmer 1988), waren es 1985 jeweils 34 (vgl. Sassen 1991: 174f.).

Es gibt aber auch Tendenzen zu einer branchenspezifischen Spezialisierung zwischen den verschiedenen Städten eines Landes. In den Vereinigten Staaten führt New York im Banken- und Versicherungsgewerbe, in der Buchführung und Werbung sowie bei den Verwaltungstätigkeiten im produzierenden Gewerbe. Washington hingegen ist im Bereich von Rechtsberatung und Datenverarbeitung, Management und Öffentlichkeitsarbeit sowie Forschung und Entwicklung führend. Darüber hinaus haben hier zahlreiche Verbände ihren Verwaltungssitz. New York hat sich eher als Finanz-, Geschäfts- und Kulturzentrum spezialisiert, während sich ein Teil der Rechtsgeschäfte, die in Washington getätigt werden, auf New Yorker Geschäftsvorgänge bezieht, deren Abwicklung an die Einhaltung bestimmter Rechtsvorschriften und Zulassungsverfahren gebunden ist oder intensive Lobbyarbeit und ähnliches erfordert. Ein Großteil dieser Dienstleistungen, die hauptsächlich in der amerikanischen Hauptstadt angeboten werden, bezieht sich auf Geschäftsvorgänge in ganz Amerika, aber auch auf nichtwirtschaftliche Zwecke. Darüber hinaus zielt ein gut Teil der Forschungstätigkeit in Washington

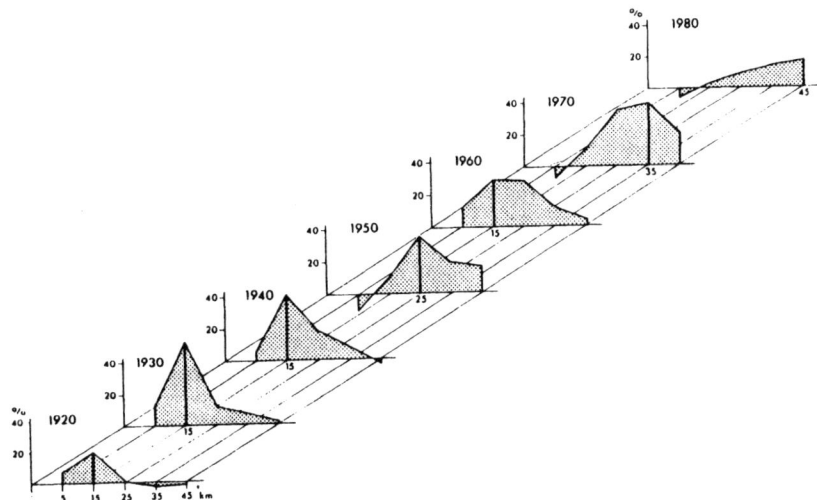

Relative Bevölkerungsveränderung im Raum Tokio (Gaebe 1987: 86)

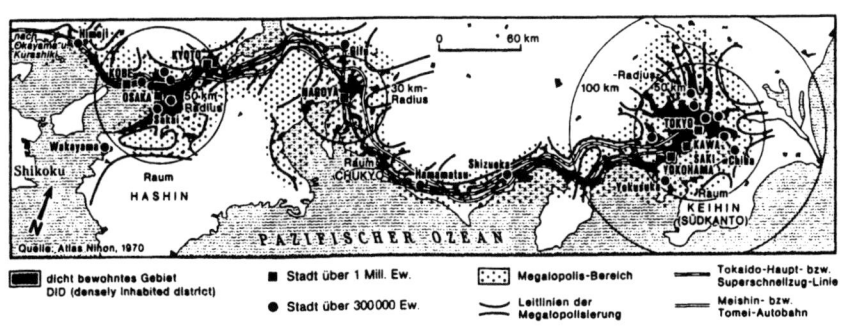

Megalopolis Tokaido (Kistler 1990: 21)

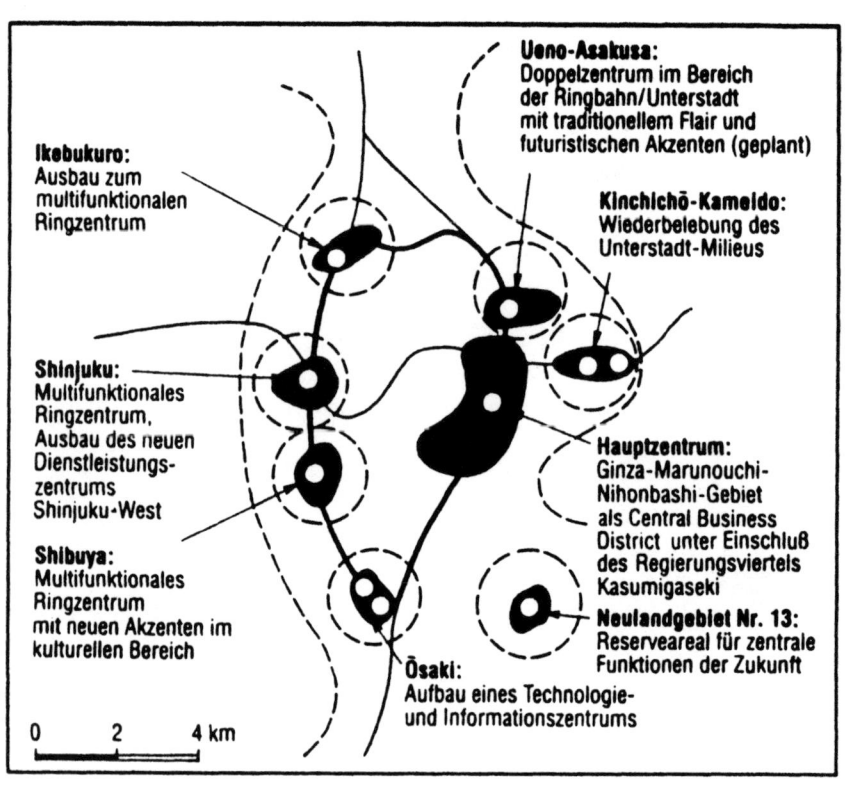

Ikebukuro:
Ausbau zum
multifunktionalen
Ringzentrum

Ueno-Asakusa:
Doppelzentrum im Bereich
der Ringbahn/Unterstadt
mit traditionellem Flair und
futuristischen Akzenten (geplant)

Kinchichō-Kameldo:
Wiederbelebung des
Unterstadt-Milieus

Shinjuku:
Multifunktionales
Ringzentrum,
Ausbau des neuen
Dienstleistungs-
zentrums
Shinjuku-West

Shibuya:
Multifunktionales
Ringzentrum
mit neuen Akzenten im
kulturellen Bereich

Hauptzentrum:
Ginza-Marunouchi-
Nihonbashi-Gebiet
als Central Business
District unter Einschluß
des Regierungsviertels
Kasumigaseki

Neulandgebiet Nr. 13:
Reserveareal für zentrale
Funktionen der Zukunft

Ōsaki:
Aufbau eines Technologie-
und Informationszentrums

0   2   4 km

Tokios mehrkernige Innenstadt (Kistler 1990: 23)

86

nicht auf die Weltwirtschaft, sondern hängt mit nationalen Forschungsprogrammen im Bereich von Medizin und Gesundheitswesen zusammen. Daher muß man ganz offensichtlich unterscheiden, ob sich ein gegebener unternehmensorientierter Dienstleistungskomplex auf die Weltmärkte und die Integration in die globale Wirtschaft bezieht oder ob er eine überwiegend inländische Nachfrage befriedigt.[3]

Festzuhalten ist auch, daß das produzierende Gewerbe selbst in den Großstädten, in denen es nicht mehr den führenden Wirtschaftssektor bildet, entscheidend bleibt. So haben zahlreiche Forscher darauf hingewiesen, daß es den Komplex der unternehmensorientierten Dienstleistungen ohne produzierendes Gewerbe schlicht nicht geben würde (Cohen/Zysman 1987; Markusen/Gwiasda 1993). In diesem Zusammenhang wurde zum Beispiel behauptet, daß die Schwächung der Industrie im Großraum New York die Stellung der Stadt als eines führenden Zentrums für Finanz- und sonstige unternehmensorientierte Dienstleistungen bedroht (Markusen/Gwiasda 1993). Dieser Argumentation liegt die Annahme zugrunde, das Wachstum der unternehmensorientierten Dienstleistungen sei von einem starken produzierenden Gewerbe abhängig.

---

3 Das statistische Material über unternehmensorientierte Dienstleistungen in den Vereinigten Staaten gibt Anlaß zu einiger Verwirrung. Daß die diesbezüglichen Wachstumsraten landesweit wie auch in mittleren Städten höher liegen als etwa in New York und Chicago, wird zum Beispiel dahingehend interpretiert, daß die führenden Dienstleistungszentren Marktanteile verlieren und in ihrer Position geschwächt werden. So wird aus dem verfügbaren Material herausgelesen, daß sich der Bereich der unternehmensorientierten Dienstleistungen zunehmend dezentralisiert, New York und Chicago bei sämtlichen unternehmensorientierten Dienstleistungen also Marktanteile verlieren – eine Interpretation, die von einem Nullsummenspiel ausgeht, wobei Wachstum an einem Ort ipso facto einen Rückgang an einem anderen, älteren Standort bedeutet. Eine andere Interpretationsmöglichkeit geht dahin, daß überall Wachstum stattfindet. Meines Erachtens spricht das vorliegende Datenmaterial für letztere Interpretation: Das Wachstum in den mittleren Städten erklärt sich in erster Linie nicht aus einem Rückgang in den führenden Städten, sondern aus der landesweit steigenden Dienstleistungsintensität der Wirtschaft überhaupt.

Dies ist höchst umstritten (vgl. Drennan 1992; Noyelle/Dutka 1988; Sassen 1991). Drennan etwa, der sich intensiv mit dem unternehmensorientierten Dienstleistungssektor in New York beschäftigt hat, vertritt die Auffassung, New York könne trotz des Niedergangs der örtlichen Industrie dauerhaft ein führendes Finanz- und unternehmensorientiertes Dienstleistungszentrum bleiben, weil diese Sektoren so stark in die Weltmärkte integriert sind, daß das Verhältnis zum Umland – d. h. die Integration in die Region – in den Hintergrund rückt.

Meines Erachtens (Sassen 1991) lassen sich diese beiden Positionen dahingehend kombinieren, daß das produzierende Gewerbe in der Tat das Wachstum der unternehmensorientierten Dienstleistungen fördert, es dabei aber gleichgültig ist, ob es in dem in Frage stehenden Gebiet angesiedelt ist oder in Übersee. Zwar fördert das produzierende Gewerbe ebenso wie der Bergbau und die Landwirtschaft die Nachfrage nach unternehmensorientierten Dienstleistungen; an welchem Standort diese aber erbracht werden, ist für global operierende Dienstleistungsunternehmen von zweitrangiger Bedeutung. Ob eine Fabrik im Inland oder offshore produziert, ist ziemlich irrelevant, solange sie zu einem multinationalen Konzern gehört, der seinen Bedarf an Dienstleistungen bei einem führenden Unternehmen dieser Branche deckt. Zweitens steigert die territoriale Streuung der Produktionsanlagen – vor allem wenn diese in verschiedenen Ländern angesiedelt sind – die Nachfrage nach unternehmensorientierten Dienstleistungen. Das ist eine weitere Bedeutung oder Folge von Globalisierung: Egal in welchem Teil der Welt Fabriken angesiedelt sind, solange sie zu einem multinational verflochtenen Konzern gehören, fördern sie das Wachstum von unternehmensorientierten Dienstleistungsunternehmen, ob diese ihren Hauptsitz nun in New York, London oder Paris haben. Und drittens wächst der Sektor der unternehmensorientierten Dienstleistungen auch durch Finanz- und Geschäftsvorgänge, die wie im Fall vieler globaler Finanzmärkte entweder überhaupt nichts mit der Güterproduktion zu tun haben oder aber nur indirekt damit zu tun haben, wie im Fall von Unternehmenskäufen und -fusionen, bei denen es ja nur um den Kauf und Verkauf von Unternehmen als solchen und nicht speziell um Industrieunternehmen geht.

Die Beschäftigungsentwicklung in New York und London – zwei Städte, in denen das verarbeitende Gewerbe stark rückläufig war, während die unternehmensorientierten Dienstleistungen drastisch anstiegen – mag diesen Zusammenhang veranschaulichen. New York verlor zwischen 1969 und 1989 34 Prozent seiner Industriearbeitsplätze, während landesweit nur 2 Prozent verlorengingen und in zahlreichen Gebieten sogar ein Wachstum zu verzeichnen war. Die britische Volkswirtschaft verlor zwischen 1971 und 1989 32 Prozent ihrer Industriearbeitsplätze; im Großraum London belief sich der Rückgang gar auf 47 Prozent (Fainstein u. a. 1992; Buck u. a. 1992). Bei den unternehmensorientierten Dienstleistungen weisen dagegen beide Städte hohe Wachstumsraten auf, so daß ein größerer Teil der Gesamtbeschäftigung nunmehr auf diesen Wirtschaftsbereich entfällt. Darüber hinaus sind auch die unterschiedlichen wirtschaftlichen Verhältnisse im Umland einer Stadt zu beachten. So gingen in der Londoner Region 2 Prozent der Arbeitsplätze verloren, während ihre Zahl im weiteren Umland von New York um 22 Prozent anstieg. Daran wird deutlich, daß die Wachstumsdynamik der Finanz- und unternehmensorientierten Dienstleistungskomplexe in diesen Städten relativ unabhängig von den wirtschaftlichen Bedingungen in der jeweiligen Region ist – ganz anders als in der Vergangenheit, als eine Stadt eng mit ihrem Umland verwoben war.

Die Formierung eines neuen Produktionskomplexes

Folgt man den üblichen Vorstellungen von der Informationsindustrie, hätte das rasche Wachstum und die unverhältnismäßig hohe Konzentration der unternehmensorientierten Dienstleistungen in den zentralen Städten nicht stattfinden dürfen. Da die unternehmensorientierten Dienstleistungen durchweg in die fortgeschrittensten

Informationstechnologien eingebettet sind, stünde zu erwarten, daß ihnen andere Standortoptionen offenstehen, mit denen sich die hohen Kosten und die Überfüllung umgehen ließen, die die zentralen Städte kennzeichnen. Der Vorteil dieser Städte liegt allerdings darin, daß sich gerade wegen der geballten Wirtschaftstätigkeit Kostenersparnisse ergeben und das allgemeine Umfeld höchst innovativ ist. Manche Dienstleistungen werden von den Unternehmen im eigenen Haus erbracht, aber der Großteil wird bei spezialisierten Firmen erworben. Da die erforderlichen Dienstleistungen immer komplexer, differenzierter und spezieller werden, ist es kostengünstiger, sie bei spezialisierten Firmen in Auftrag zu geben, als dafür eigens Fachkräfte einzustellen. Die Entstehung eines eigenständigen Sektors für spezielle unternehmensorientierte Dienstleistungen war dabei an die wachsende Nachfrage nach solchen Dienstleistungen geknüpft.

Für den Produktionsprozeß, an dessen Ende die fertige Dienstleistung steht, ist es von Vorteil, wenn andere spezialisierte Dienstleistungen in unmittelbarer Nähe zur Verfügung stehen. Dies gilt vor allem für die führenden, innovativsten Sektoren dieses Gewerbes. Die Komplexität neuer Produkte macht auch hier den Rückgriff auf vielfältige, hochspezialisierte Vorleistungen nötig. So erfordert etwa die Produktion eines neuen Finanzinstruments Vorleistungen aus dem Bereich der Buchführung, der Werbung, der Rechts- und Wirtschaftsberatung, der Öffentlichkeitsarbeit, des Design und des Druckgewerbes. Die Zentralisierung der Management- und Dienstleistungsfunktionen, die den Wirtschaftsaufschwung von Beginn bis Mitte der achtziger Jahre förderte, erklärt sich mithin aus den spezifischen Merkmalen der entsprechenden Produktionsprozesse. Die übliche Erklärung, Topspezialisten bräuchten eben den persönlichen Kontakt, muß in mehrfacher Hinsicht nuanciert werden. Im Gegensatz zu anderen Dienstleistungen ist bei den unternehmensorientierten Dienstleistungen die räumliche Nähe zum Verbraucher – d. h. zum bedienten Unternehmen – nicht unbedingt erforderlich. Vielmehr kann ein Anbieter von unternehmensorientierten Dienstleistungen dadurch Kosten sparen, daß andere sich in seiner Nähe befinden – sei's weil er von ihnen wichtige Vorleistungen bezieht, sei's weil er bestimmte Dienstleistungen gemeinsam mit anderen anbieten will. So kann ein Buchhaltungsunternehmen seine Kunden auch aus der Ferne bedienen, aber aufgrund der Art der von ihm angebotenen Dienstleistung ist es auf die Nähe von Spezialisten, Rechtsanwälten und Programmierern angewiesen. Darüber hinaus erwächst der Druck zur Konzentration auch aus den Bedürfnissen und Erwartungen der Menschen, die auf die neuen hochqualifizierten Arbeitsplätze Aussicht haben; sie fühlen sich von den Annehmlichkeiten und dem Lebensstil angezogen, den nur Großstädte bieten können. Was als persönlicher Kontakt bezeichnet wird, ist in Wirklichkeit häufig ein Produktionsprozeß, dessen Realisierung mehrere gleichzeitige Inputs und Feedbacks erfordert. Beim derzeitigen Stand der technischen Entwicklung ist die unmittelbare Kommunikation mit den richtigen Experten immer noch die effektivste Weise, ans Ziel zu gelangen, besonders wenn es sich um hochkomplexe Produkte handelt.

Darüber hinaus drängt zur Agglomeration nun nicht mehr der Faktor Gewicht, sondern der Faktor Zeit. In der Vergangenheit nötigte das schiere Gewicht der Rohstoffe (vom Eisenerz bis hin zu unverarbeiteten Agrarprodukten) die Hersteller, ihre Fabriken in der Nähe der schwersten Ausgangsstoffe zu errichten. Heute dagegen treibt die Beschleunigung der wirtschaftlichen Transaktionen und die überragende Bedeutung, die dem Faktor Zeit beigemessen wird, zur Agglomeration der Dienstleistungsanbieter. Anders gesagt, stünde der Kunde nicht unter Zeitdruck, so könnte er auch die Dienste von weit verstreut liegenden Anbietern in Anspruch nehmen – was bei Routinevorgängen denn auch der Fall ist. Wo die Zeit aber ein wesentlicher Faktor ist – wie in den führenden Sektoren dieser Branche vielfach der Fall –, bietet Agglomeration immer noch ungeheure Vorteile, und zwar nicht nur mit Blick auf die dadurch mögliche Kostenersparnis, sondern auch und vor allem als unerläßliche Vorbedingung, um überhaupt angemessen arbeiten zu können. Zentral ist hier die allgemeine Beschleunigung aller Transaktionen, insbesondere im Finanzbereich, auf den Aktien-, Devisen- und Future-Märkten, wo Minuten, ja Sekunden den Ausschlag geben.

So erklärt sich die Formierung der unternehmensorientierten Dienstleistungskomplexe in allen wichtigen Städten schlicht aus dem Zusammenwirken der genannten Zwänge. Dieser Komplex ist eng mit der Welt der Konzernzentralen verbunden, so daß diese häufig als ein einziger zusammenhängender Komplex betrachtet werden. Für den Zweck unserer Analyse müssen wir die beiden Bereiche aber auseinanderhalten. Zwar ist es richtig, daß die meisten Konzernzentralen noch immer in Städten angesiedelt sind, aber viele sind in den vergangenen zwanzig Jahren doch abgewandert. Eine Konzernzentrale braucht sicher nicht unbedingt eine Stadt als Umfeld; aber sie braucht einen unternehmensorientierten Dienstleistungskomplex – wo immer er im übrigen angesiedelt sein mag –, von dem sie die benötigten spezialisierten Dienstleistungen beziehen kann. Darüber hinaus neigen Unternehmenszentralen mit einem hohen Anteil an Auslandsaktivitäten oder hochinnovativen und komplexen Geschäftsbereichen dazu, sich in den wichtigsten Städten anzusiedeln. Kurz gesagt: Für Firmen, die eingespielte Standardprodukte anbieten und vorwiegend einen regionalen oder nationalen Markt beliefern, ist es tendenziell gleichgültig, ob sie ihren Sitz innerhalb oder außerhalb einer Stadt einrichten. Diejenigen Firmen aber, die bei äußerstem Konkurrenzdruck in einer hochinnovativen Branche tätig und/oder stark weltmarktorientiert sind, ziehen aus der Einrichtung ihres Hauptsitzes in einem der großen international bedeutenden Geschäftszentren offenbar einen so großen Nutzen, daß die dabei auftretenden höheren Kosten keine Rolle mehr spielen.

Beide Unternehmenstypen sind jedoch auf einen irgendwo angesiedelten unternehmensorientierten Dienstleistungskomplex angewiesen. Wo dieser Komplex angesiedelt ist, spielt aus dem Blickwinkel der meisten, wenn auch nicht aller Konzernzentralen offenbar eine immer geringere Rolle. Aus der Perspektive der Dienstleistungsunternehmen wird sich ein solcher spezialisierter Komplex wahrscheinlich eher in einer Stadt als in einem Büropark am Stadtrand befinden. Letzterer ist wohl ein Standort für unternehmensorientierte Dienstleistungsfirmen, nicht jedoch für einen Dienstleistungskomplex. Und nur ein solcher Komplex ist in der Lage, den vielschichtigen Bedarf der Konzerne an hochentwickelten Dienstleistungen zu befriedigen.

Darum soll es in den nächsten beiden Abschnitten gehen. Im ersten wollen wir erörtern, inwiefern die räumliche Streuung der Wirtschaftstätigkeit einen erhöhten Bedarf an speziellen Dienstleistungen schafft, wobei dieser Prozeß wesentlich von den transnationalen Konzernen vorangetrieben wird. Der zweite Abschnitt untersucht, ob die Konzernzentralen auf Städte angewiesen sind, und wenn ja, unter welchen Bedingungen.

Der Dienstleistungsbedarf transnationaler Konzerne

Der vermehrte Rückgriff auf unternehmensorientierte Dienstleistungen ergibt sich auch aus der regionalen, nationalen oder globalen Streuung der Fertigungs- und Verwaltungsabteilungen der Großunternehmen. Unternehmen mit zahlreichen Fabriken, Büros und einem umfangreichen Kundendienstnetz müssen Planung, interne Verwaltung, Vertrieb, Marketing usw. koordinieren. Da die Produktion und der Verkauf von haushaltsorientierten Dienstleistungen zunehmend von Großkonzernen übernommen werden, müssen zahlreiche Tätigkeiten, die zuvor von unabhängigen Dienstleistungsunternehmen erbracht wurden, nun in den Konzernzentralen der neuen Unternehmenseigner erledigt werden. Der Betrieb von regionalen, nationalen oder globalen Hotel-, Restaurant- und Floristikketten erfordert umfangreiche zentrale Verwaltungs- und Dienstleistungsstrukturen. Ähnlich weiten sich auch die zentralen Kontroll- und Planungsaufgaben des Staates aus, teils infolge der diese Expansion ermöglichenden technischen Entwicklung, teils aufgrund der zunehmenden Komplexität der staatlichen Regulierungs- und Verwaltungsaufgaben selbst.

Im Zuge der Entstehung des modernen weltmarktorientierten Konzerns, der in zahlreichen Ländern operiert, nahmen die Bedeutung und die Komplexität von Planung, interner Verwaltung, Produktentwicklung und Forschung immer weiter zu. Produktdiversifizierung, Unternehmensfusionen und die Transnationalisierung der Wirtschaftstätigkeit erfordern hochspezialisierte Fertigkeiten. Firmen mit zahlreichen geographisch gestreuten Fabriken tragen dazu bei, daß sich in ihrem Umkreis neue Planungsstrukturen für Produktion und Vertrieb entwickeln. Die Entwicklung von Industrie-, Dienstleistungs- und Bankunternehmen mit einer Vielzahl von Standorten schuf einen erweiterten Bedarf an unterschiedlichsten spezialisierten Dienstleistungen zur Koordination und Kontrolle der globalen Netze aus Fabriken, Kundendienstniederlassungen und Filialen. Obwohl diese Dienstleistungen zum Teil im eigenen Haus erbracht werden können, werden die meisten doch an andere Firmen vergeben. Die hohe Aufgabenspezialisierung, die Möglichkeit, manche Dienstleistungen außer Haus erbringen zu lassen, und der wachsende Dienstleistungsbedarf von Groß- und Kleinunternehmen wie auch des Staates – all das war sowohl Ergebnis wie auch Voraussetzung für die Entwicklung eines Marktes für eigenständige Dienstleistungsunternehmen, die Komponenten dessen produzieren, was als Fähigkeit zu globaler Kontrolle bezeichnet werden könnte.

Das bedeutet wiederum, daß kleine Firmen, Unternehmen aus aller Welt, aber auch Staaten Komponenten dieser Fähigkeit erwerben können, sei es nun in Form von Unternehmens- oder internationaler Rechtsberatung. Diese Zugangsmöglichkeit trägt dazu bei, daß sich in den wichtigsten Städten Marktplätze für solche Diestleistungen herausbilden. Kurz gesagt, obwohl die Großkonzerne zweifellos die treibende Kraft und der Hauptnutznießer dieser Fähigkeit sind, sind sie nicht die einzigen, die davon Gebrauch machen.

Ein kurzer Blick auf die geographische Streuung der Wirtschaftstätigkeit transnationaler Großunternehmen mag den hier angesprochenen Sachverhalt veranschaulichen. Aus einer Aufstellung über die Auslandsbeschäftigten der 25 weltweit größten transnationalen, nicht im Finanzbereich tätigen Konzerne geht hervor, daß bei Exxon und IBM ungefähr die Hälfte und bei Ford und General Motors ungefähr ein Drittel aller Beschäftigten außerhalb der Vereinigten Staaten arbeiten. Ein weiterer Anhaltspunkt ist die Tatsache, daß die 36 600 Konzerne, die es 1991 gab, über insgesamt 170 000 Tochtergesellschaften verfügen. Dabei wird ein unverhältnismäßig großer Teil der ausländischen Tochtergesellschaften von Konzernen aus den führenden Industrienationen kontrolliert. Während deutsche Konzerne 1990 über mehr als 19 000 Tochtergesellschaften im Ausland verfügten – 1984 waren es erst 14 000 –, kontrollierten amerikanische Konzerne nahezu 19 000 im Ausland angesiedelte Tochtergesellschaften. Schließlich ist bekannt, daß das Auslandsgeschäft bei den führenden transnationalen Konzernen einen sehr hohen Teil der gesamten Geschäftätigkeit ausmacht. So setzten die zehn führenden transnationalen Konzerne 61 Prozent ihrer Produkte im Ausland ab. Bei den 100 größten Konzernen lag dieser Anteil durchschnittlich bei 50 Prozent.

Aus diesen Angaben geht die Verteilung umfangreicher wirtschaftlicher Abläufe auf eine Vielzahl von Standorten hervor – eine Situation, die einen hohen Bedarf an unternehmensorientierten Dienstleistungen schafft, angefangen bei der internationalen Buchhaltung bis hin zur Werbung. Bei derart breitgefächerten Wirtschaftsaktivitäten weitet sich der Bedarf an zentralen Management-, Koordinations-, Kontroll- und Dienstleistungsaufgaben immer weiter aus. Einige dieser Aufgaben werden in den Konzernzentralen selbst erledigt, andere dagegen außer Haus in Auftrag gegeben oder gekauft – wodurch sich der unternehmensorientierte Dienstleistungskomplex zunehmend ausweitet.

Konzernzentralen und Städte

In der Literatur, aber auch in manchen wissenschaftlichen Forschungsberichten, wird die Konzentration an Konzernzentralen vielfach als Indikator für den Status einer Stadt als internationales Geschäftszentrum angesehen. Wandern Konzernzentralen ab, wird dies als Statusverlust interpretiert. Angesichts der zur Klassifizierung von Konzernen angewandten Methoden und der Standortoptionen, die sich den Konzernen durch die Telekommunikation eröffnen, wird dieses Kriterium zunehmend problematisch.

Welche Konzernzentralen sich in international bedeutenden

Finanz- und Geschäftszentren befinden, hängt von einer ganzen Reihe von Variablen ab. Zunächst einmal kommt es schlicht auf die Meß- oder Zählmethode an. Wesentliche Kriterien sind dabei vielfach die Anzahl der Beschäftigten und die Höhe des Gesamtertrags. Legt man dieses Maß zugrunde, zählen einige der weltweit größten Firmen immer noch zum produzierenden Gewerbe, und viele davon haben ihre Hauptverwaltung in der Nähe ihres größten Fabrikkomplexes, der wegen der herrschenden Raumknappheit nur selten innerhalb einer Großstadt liegt. Doch besitzen solche Firmen meist noch andere Verwaltungssitze für hochspezialisierte Aufgaben in bedeutenden Städten. Zudem orientieren sich viele Unternehmen des produzierenden Gewerbes am Binnenmarkt, so daß sich ihre Hauptverwaltung nicht unbedingt im Geschäftsviertel einer Großstadt befinden muß. So waren es meist Firmen des produzierenden Gewerbes, die – wie groß durch die Presse ging – in den sechziger und siebziger Jahren aus New York abwanderten. Wenn wir uns an die von *Fortune* veröffentlichte Liste der 500 größten amerikanischen Unternehmen halten, werden wir feststellen, daß sich viele davon aus New York und anderen Großstädten zurückgezogen haben. Wenn wir unserer Berechnung anstatt des Gesamtertrags dagegen nur den Ertragsanteil zugrundelegen, der aus internationalen Geschäften stammt, dann kommen zahlreiche Unternehmen ins Spiel, die in der Liste von *Fortune* nicht aufgeführt sind. Mit Blick auf New York etwa, ergibt sich dadurch ein ganz anderes Bild: So hatten 1990 40 Prozent aller amerikanischen Firmen, die die Hälfte ihres Ertrags durch internationale Geschäfte erwirtschafteten, ihren Hauptsitz in New York.

Zweitens wird die geographische Verteilung der Unternehmenszentralen durch die Beschaffenheit des Städtesystems eines Landes beeinflußt. Bei unipolaren Städtesystemen befindet sich ein unverhältnismäßig großer Teil der Unternehmenssitze in der Stadt mit Vorrangstellung, gleichgültig, welchen Maßstab wir zugrunde legen. Und drittens spielen die Wirtschaftsgeschichte und die Geschäftstradition des jeweiligen Landes eine Rolle.

Schließlich mag die Konzentration von Unternehmenszentralen

auch mit einer bestimmten Phase der wirtschaftlichen Entwicklung zusammenhängen. Im Gegensatz zu New York, wo viele Unternehmenszentralen aus der Fortune-Liste abwanderten, lassen sich in Tokio beispielsweise zunehmend mehr Unternehmenszentralen nieder, die zuvor vielfach in Osaka und Nagoya ansässig waren. Dieser Wandel scheint mit der zunehmenden Internationalisierung der japanischen Wirtschaft und der entsprechenden Ausweitung der Management- und Dienstleistungsfunktionen in Tokio, dem wichtigsten internationalen Geschäftszentrum Japans, zusammenzuhängen. Ein weiterer Faktor, der in Japan für den Standort Tokio spricht, ist die umfassende staatliche Regulierung der Wirtschaftstätigkeit, denn jedes Auslandsgeschäft muß von verschiedenen Behörden bewilligt werden (vgl. Sassen 1991, Kap. 1 u. 7).

Mit einem Wort: Um zu verstehen, was sich hinter einer gegebenen Konzentration an Unternehmenszentralen verbirgt, müssen die soeben beschriebenen Bestimmungsgründe in die Überlegung einbezogen werden. Obwohl sich ein unverhältnismäßig großer Teil der Konzernzentralen noch immer in den wichtigsten Städten konzentriert, hat sich in den vergangenen zwanzig Jahren hier durchaus etwas verändert.

Unsere Erörterung der unternehmensorientierten Dienstleistungen, des unternehmensorientierten Dienstleistungskomplexes und der Standortverteilung der Konzernzentralen deutet auf zwei wesentliche Entwicklungen der letzten zehn bis fünfzehn Jahre hin: die wachsende Dienstleistungsintensität der wirtschaftlichen Organisation und die Entstehung eines unternehmensorientierten Dienstleistungskomplexes. Letzterer ist zwar stark auf die Konzerne ausgerichtet, wird aber im Gegensatz zu den von ihm bedienten Konzernzentralen wohl weiterhin eher in städtischen Zentren anzutreffen sein.

Der Aufstieg des unternehmensorientierten Dienstleistungskomplexes leitet thematisch zur Finanz- und Immobilienkrise Anfang der neunziger Jahre über – denn die Überspekulation der achtziger Jahre war zu einem gut Teil das Werk der in den internationalen Hauptgeschäftszentren tätigen Finanz-, Rechts- und Buchhaltungsexperten.

Die Auswirkungen der Finanzkrise Ende der achtziger Jahre auf die Funktionen von Global Cities: der Fall New York

Die hohe Spekulation und Rentabilität, die das Wachstum des unternehmensorientierten Dienstleistungskomplexes in den achtziger Jahren förderten, konnte unmöglich von Dauer sein. Die folgende Finanzkrise Ende der achtziger Jahre kann zweierlei bedeuten: Entweder ist sie Ausdruck der Krise eines Wirtschaftssystems, oder aber es handelt sich um eine Anpassung von Spekulation und Rentabilität auf ein eher durchzuhaltendes Niveau. Das erste internationale Hauptfinanzzentrum, das schwere Verluste hinnehmen mußte, war New York. Die Untersuchung der anschließenden Entwicklung in den neunziger Jahren mag nützliche Einblicke in die Wechselwirkung zwischen Krise und Anpassung im führenden Wirtschaftssektor bieten.

Die Beschäftigung im New Yorker Bankgewerbe ging zwischen 1989 und 1991 von 169 000 auf 157 000 zurück. Der Großteil dieses Stellenabbaus (mehr als 10 000 Stellen) betraf das Inlandsgeschäft und war unter anderem der umfassenden Umstrukturierung im Bankgewerbe und dem Zusammenschluß einiger Inlandsbanken geschuldet.

Im Wertpapierhandel, in dem in den letzten zwei Jahren die meisten Stellen gestrichen wurden, ist New York nach wie vor stark präsent. Hier hatten Ende 1990 sechs der zehn weltweit führenden Wertpapierfirmen ihren Geschäftssitz. New Yorker Firmen und ihre Gesellschaften in Übersee waren auf dem Höhepunkt des Finanzbooms Mitte der achtziger Jahre wertmäßig bei 80 Prozent aller internationalen Unternehmensfusionen und -käufe als Berater tätig. Da die Wertpapierbranche fast ausschließlich exportorientiert ist, ist sie für die Krise der US-Wirtschaft im allgemeinen und der New Yorks im besonderen vermutlich nicht so anfällig. Der überwiegende Teil der Beschäftigten dieser Branche sind Broker und Händler.

Auch nach der Finanzkrise der letzten Jahre fungiert New York wei-

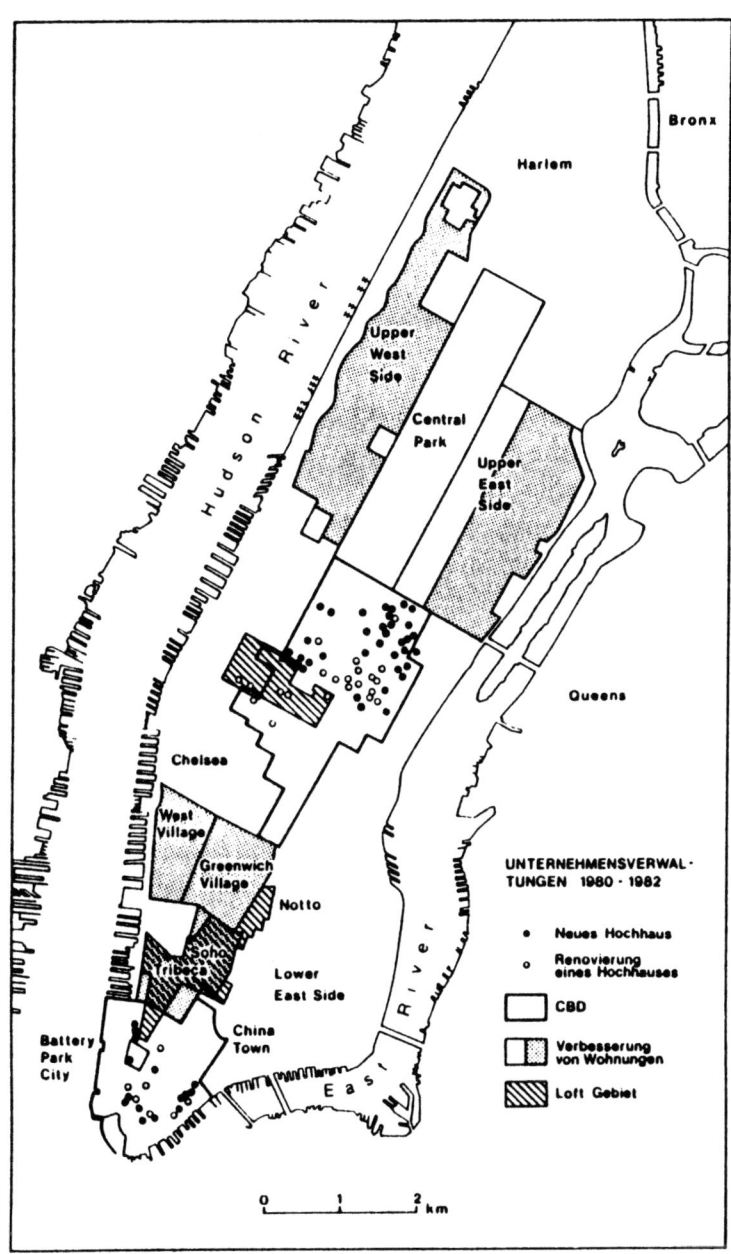

Gentrification in Manhattan (Gaebe 1987: 156)

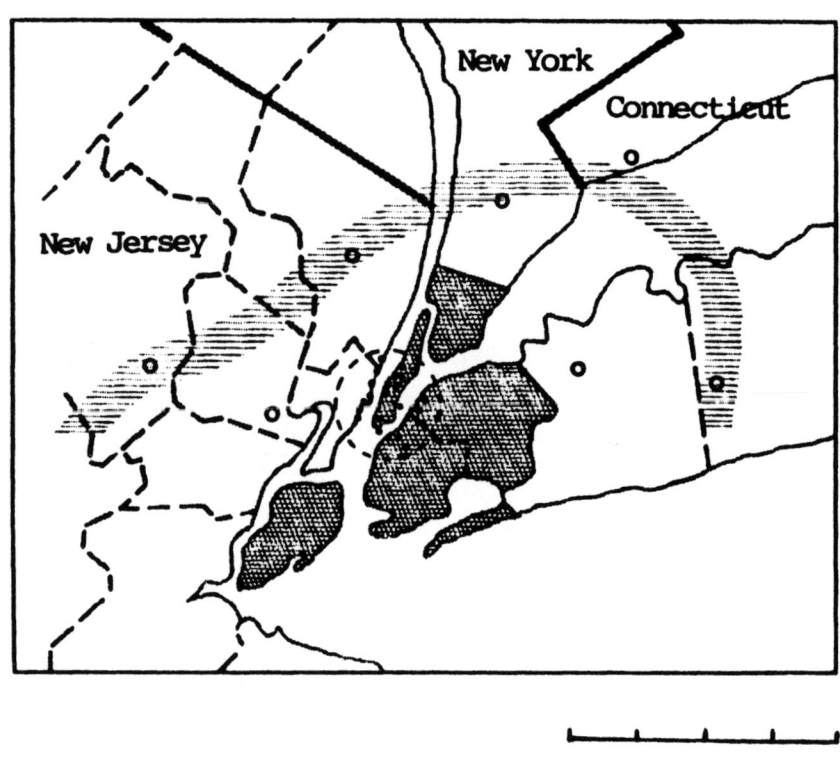

km 0 10 20 30 40

- Entwicklungsschwerpunkte in New York (-City)
- - - »neue City« von New York
o periphere Zentren (»tertiäre Cluster«)

Der »äußere Ring« in der Region New York (Brake 1988: LXVI)

terhin als bedeutendes internationales Geschäftszentrum, wobei das Finanzgewerbe und andere damit zusammenhängende Branchen weiterhin den Ton angeben. Nach Meinung zahlreicher Experten stellte die Krise nach der Überspekulation der achtziger Jahre einen dringend nötigen Anpassungsprozeß dar. Innerhalb der Vereinigten Staaten bleibt New York die Bankhauptstadt des Landes und führt auf den verschiedenen Märkten – im Devisen- und Optionenhandel ebenso wie im Bereich der Handelsbanken – sowohl mit Blick auf die Höhe der Aktiva und die Zahl der Banken als auch hinsichtlich des umgesetzten Volumens.

Darüber hinaus stellen die Auslandsbanken in New York einen wachsenden Sektor dar, der die Rolle der City als eines führenden Finanzzentrums der Welt weiter stärken könnte. Obwohl japanische und europäische Banken die amerikanischen schon weit überholt haben und das internationale Bankgeschäft beherrschen, haben sie alle eine Niederlassung in New York. Seit 1990 unterhalten in New York mehr Auslandsbanken ein Büro als in London. Trotz des Einbruchs beim Inlandsgeschäft und mehrerer größerer Krisen in verschiedenen Bankbereichen fungiert New York weiterhin als Drehscheibe internationaler Transaktionen.

Festzuhalten bleibt daher, daß New York seine Rolle als Finanzzentrum wohl auch in Zukunft behalten wird, der Marktanteil der ausländischen Firmen, die Anleihen auflegen, Finanzdienstleistungen anbieten und bei Unternehmensfusionen und -käufen beratend tätig sind, jedoch steigen wird. Der Stellenabbau und die Konkurse in der Wertpapierbranche seit 1987 deuten darauf hin, daß die Wall Street und andere Aktienmärkte möglicherweise einen tiefgreifenden Wandel durchmachen, und zwar vor allem deshalb, weil die Großkonzerne nicht mehr auf die Aktienmärkte angewiesen sind, um ihre Investitionen zu finanzieren. Dieser drastische Wandel bedeutet freilich nicht das Ende der Wall Street. Die Krise könnte sich sehr wohl als Umstrukturierungsprozeß herausstellen, aus dem die Wall Street als kleinerer Markt hervorgeht, der sich an kleinere Firmen wendet, ohne deshalb seine internationale Orientierung und seine Rolle als Anbieter hochspezialisierter und komplexer Dienstleistungen zu verlieren.

Schlußbemerkung: Städte als postindustrielle Produktionsstandorte

Es war ein zentrales Anliegen dieses Kapitels, Städte als Produktionsstätten der führenden Dienstleistungsbranchen unserer Zeit zu begreifen und also die Vielfalt an Firmen und Tätigkeiten, ohne die heute kein Konzern leben kann, ins Blickfeld zu rücken. Die unternehmensorientierten Dienstleistungen werden gewöhnlich nicht unter dem Blickwinkel der ihnen zugrundeliegenden Produktionsprozesse, sondern als spezialisierte Outputs verstanden. Konzentrieren wir uns hingegen auf den Produktionsprozeß, so können wir erstens die spezifische Standortverteilung dieser Dienstleistungssektoren ins Auge fassen und zweitens die Annahme prüfen, wonach der unternehmensorientierte Dienstleistungskomplex, obwohl er die Konzerne bedient, eigenständige charakteristische Standort- und Produktionsstrukturen besitzt. Denn für diesen Komplex ist die Stadt als Standort viel wichtiger und nützlicher als für andere Unternehmen. Diese Dynamik zur Agglomeration kann auf verschiedenen Ebenen der städtischen Hierarchie wirken, von der globalen bis zur regionalen.

Auf globaler Ebene erklärt sich die Bedeutung der für die Weltwirtschaft wichtigen Städte in erster Linie aus der Tatsache, daß sich die Dienstleistungsanbieter, die die Fähigkeit zu globaler Kontrolle produzieren, dort konzentrieren. Diese Fähigkeit ist unabdingbar, wenn die geographische Streuung der Wirtschaftstätigkeit – ob in Form von Fabriken, Büros oder Finanzmärkten – weiterhin mit der Konzentration von Eigentum und Gewinnaneignung einhergehen soll. Die Fähigkeit zu globaler Kontrolle kann man nicht einfach auf einen strukturellen Aspekt der Globalisierung der Wirtschaftstätigkeit reduzieren. Diese Fähigkeit muß produziert werden. Es genügt einfach nicht, die schreckliche Macht der Großkonzerne als gegeben und selbstverständlich anzusehen.

Indem wir unser Augenmerk auf die Produktion dieser Fähigkeit lenken, bereichern wir die bekannte Problematik der Macht von

Großkonzernen um einen bisher vernachlässigten Aspekt. Im Zentrum steht nun, wie globale Kontrolle *praktiziert* wird: die Arbeit der Produktion und Reproduktion von Organisation und Management eines globalen Produktionssystems und globalen Marktplatzes für Finanzgeschäfte unter Bedingungen wirtschaftlicher Konzentration. Macht ist mit Blick auf die Organisation der Weltwirtschaft sicher von ausschlaggebender Bedeutung, aber ebenso wesentlich ist der Produktionsaspekt, d. h. die Produktion der Inputs, die die Fähigkeit zu globaler Kontrolle konstituieren, und die Infrastruktur der Arbeitsplätze, die an dieser Produktion beteiligt sind. Damit aber rücken auch die mit diesen Aktivitäten zusammenhängenden Städte und ihre soziale Ordnung in den Mittelpunkt der Analyse.

5

Die neue urbane Ökonomie: Probleme und Fallstudien

Um einige der im vorherigen Kapitel aufgeworfenen Fragen zu klären, wollen wir uns hier eingehender mit einzelnen Städten und den in der neuen urbanen Ökonomie auftretenden Problemen befassen. Dreh- und Angelpunkt dieses Kapitels ist der Umstand, daß die im Zentrum der neuen urbanen Ökonomie liegenden Finanz- und Dienstleistungsfunktionen einem wachsenden Konzentrations- und Spezialisierungsprozeß unterliegen, wo doch zu erwarten wäre, daß die derzeitige Entwicklung globaler Telekommunikationseinrichtungen eher der geographischen Streuung Vorschub leistet. Die folgenden Fallstudien gewähren Einblick in die Dynamik der derzeitigen Globalisierungsprozesse, wie sie an spezifischen Standorten konkrete Gestalt annehmen. Darüber hinaus geben sie ein analytisches Schema an die Hand, das auch bei der Untersuchung anderer Städte fruchtbar gemacht werden könnte. Für die Fallstudien wurden drei Städte gewählt, die nicht – wie etwa New York oder Tokio – zu den absoluten Spitzenreitern gehören, sondern weniger bekannt sind, kleinere Städte also, die wir gewöhnlich nicht als Schauplatz globaler Prozesse betrachten.

Zu Beginn wollen wir die Entstehung der Funktionen von Global Cities untersuchen. Zur Veranschaulichung dieses Prozesses haben wir Miami gewählt, weil sich dort in Keimform beobachten läßt, wie sich die in Kapitel 4 beschriebene Wachstumsdynamik entfaltet. Unsere Frage lautet dabei: Unter welchen Bedingungen nehmen die Funktionen von Global Cities materielle Gestalt an? Die zweite Fallstudie bezieht sich auf Toronto, eine Stadt, deren Finanzviertel erst in den letzten paar Jahren entstand und der daher die Option offenstand, die betreffenden Gebäude und Aktivitäten breiter zu streuen, als dies älteren Finanzzentren möglich ist. Um schließlich zu untersuchen, wie sich die erwähnte Tendenz zur Konzentration im Fall eines multipolaren Städtesystems im Rahmen einer weiten, reichen Volkswirtschaft durchsetzt, richten wir unser Augenmerk auf Sydney. Dabei stellt sich die Frage, ob die Verteilung der Finanzfunktionen einer ähnlichen Multipolarität folgt. Im Anschluß an diese Fallstudien untersuchen wir den allgemeinen Trend zur Konzentration der führenden Finanz- und Dienstleistungsfunktionen unter einem umfassenderen historischen und geographischen Blickwinkel. Ist dieser Trend neu? Steht zu erwarten, daß er sich fortsetzt? Und schließlich beschäftigten wir uns mit der Frage der städtischen Form: Wie ist das geographische Korrelat des Zentrums beschaffen, das Terrain, auf dem das internationale Finanz- und Geschäftszentrum und der unternehmensorientierte Dienstleistungskomplex materielle Gestalt annimmt?

Die Entwicklung der Funktionen von Global Cities: der Fall Miami

Jede der heutigen Global Cities hat ihre besondere Geschichte, die zu ihrem derzeitigen Status beigetragen hat. Viele der weltweit wichtigsten Städte haben eine lange Geschichte als Banken- und Handelszentrum oder als Hauptstadt eines Handelsimperiums hinter sich. Daraus ergeben sich unmittelbar zwei Fragen: Welche Aspekte der heutigen Global Cities stellen eine Fortschreibung vergangener Funktionen dar? Und wie können sich die Funktionen von Global Cities auch in solchen Städten herausbilden, die keine lange Geschichte als internationales Banken- und Handelszentrum aufweisen?

Miami ist ein solcher Fall. Auf der einen Seite hat die Stadt nur eine kurze Geschichte, in der sie keinerlei bedeutende internationale

Funktionen erfüllte. Auf der anderen Seite führte die massive Immigration von Kubanern in den sechziger und siebziger Jahren zur Entstehung eines nach Lateinamerika und in die Karibik orientierten internationalen Handelskomplexes. Da die Geschichte und die internationalen Handelsfunktionen von Miami relativ unkompliziert sind, fällt es vergleichsweise leicht, zwei wesentliche Prozesse auseinanderzuhalten: die Kontinuität des von Exil-Kubanern beherrschten Handelskomplexes und die Herausbildung eines neuen Geschäftskomplexes, der den durch die derzeitigen Globalisierungsprozesse hervorgerufenen Bedürfnissen entspricht. Darüber hinaus läßt sich am Fall Miami erklären, wie sich eine Stadt zum Standort der Global-City-Funktionen entwickeln kann.

Seit Ende der achtziger Jahre richten immer mehr amerikanische, europäische und asiatische Firmen in Miami ein Büro ein. Bezogen auf die Konzentration von ausländischen Banken rangiert Miami in den Vereinigten Staaten hinter New York, Los Angeles und Chicago und noch vor San Francisco, Boston und Atlanta nun an vierter Stelle. Eastman Kodak verlagerte seine Konzernzentrale für den lateinamerikanischen Markt von Rochester/New York ebenso nach Miami wie Hewlett Packard, der zuvor in Mexico City ansässig war. Unternehmen und Banken aus Deutschland, Frankreich, Italien, Südkorea, Hongkong und Japan, um nur einige zu nennen, haben in Miami eine Niederlassung eröffnet und in beträchtlichem Umfang hochqualifiziertes Personal mitgebracht. Parallel dazu kam es im Bereich der Finanz- und sonstigen privaten Dienstleistungen zu einem drastischen Wachstum. Miamis Image ist in den Medien so eng mit der Immigration und dem Drogenproblem verknüpft, daß der Entstehung dieses neuen internationalen Unternehmenssektors kaum Beachtung geschenkt wurde.

Diese neueren Entwicklungen sind so ausgeprägt, daß wir uns fragen müssen, ob Miami, obgleich keine Global City allerersten Ranges, nicht die Funktionen globaler Städte erfüllt. Darüber hinaus ist der Fall Miami auch insofern interessant, weil in der Stadt bereits zahlreiche internationale Handelshäuser ansässig sind, die zu einem gut Teil von der wohlhabenden, aus Kuba stammenden Elite aufgebaut wurden und sich noch immer in ihrem Besitz befinden (Portes/Stepick 1993). Seit ihrer Ankunft in den sechziger Jahren infolge der Revolution von Castro 1959 hat die kubanische Gemeinschaft Miami in einen beeindruckenden Handelsstützpunkt verwandelt, an dem sich zahlreiche Firmen und Banken aus Lateinamerika und der Karibik niedergelassen haben. Bildet die kubanische Enklave mit ihrer breitgefächerten, nach Lateinamerika und in die Karibik orientierten Handelstätigkeit also die Ausgangsbasis dafür, daß sich in Miami Funktionen von Global Cities etablieren konnten? Oder war letzteres ein vergleichsweise selbständiger Prozeß, der durch die rege Handelstätigkeit zwar erleichtert wurde, gleichwohl aber einer anderen Logik folgt? Wäre dieser Prozeß in der karibischen Region – wenn auch vielleicht nicht in Miami – auch ohne die kubanische Enklave in Gang gekommen? Kurz, in welchem Verhältnis stehen diese beiden Prozesse zueinander: der eine, geprägt durch vergangene Ereignisse; der andere, hervorgerufen durch die derzeitigen Bedürfnisse der sich globalisierenden Wirtschaft?

Interessant sind in diesem Zusammenhang einige Hypothesen aus der Forschungsliteratur über Global Cities, insbesondere jene, die sich auf die räumlichen und organisatorischen Formen, welche die Globalisierung der Wirtschaft heute annimmt, und die Tätigkeiten, die bei der Abwicklung transnationaler Geschäfte eine Rolle spielen, beziehen. Sämtliche Angaben zum Wachstum der in Miami niedergelassenen ausländischen Banken und Konzernzentralen, des Markts für erstklassige Büroflächen, der verfügbaren Telekommunikationseinrichtungen, der Gentrifizierung von Stadtteilen sowie des internationalen Tourismus der Luxusklasse deuten darauf hin, daß es sich hier um Entwicklungen handelt, die über die kubanische Enklave und das von ihr betriebene Import-Export-Geschäft weit hinausreichen und vielmehr – zumindest zum Teil – auf die neuen Formen der wirtschaftlichen Globalisierung zurückgehen. Allem Anschein nach wurzelt das Wachstum des neuen internationalen Unternehmenssektors in Miami eher in dieser Globalisierungsdynamik und ist also nicht als bloße Ausweitung des Handels mit Lateinamerika und der Karibik zu verstehen.

Wie in Kapitel 2 beschrieben, weist das internationale Geschäft mit Lateinamerika hohe Wachstumsraten auf. Die gesamten Auslandsdirektinvestitionen in den nunmehr offen zugänglichen lateinamerikanischen Volkswirtschaften stiegen von 6,1 Mrd. US-Dollar im Zeitraum 1984-1987 auf über 10 Mrd. US-Dollar in den Jahren 1988-1989, beliefen sich 1991 auf 14 Mrd. Dollar und erreichten schon ein Jahr später 16 Mrd. US-Dollar. Die wichtigsten Wachstumsfaktoren waren dabei, wie bereits erwähnt, die Privatisierung staatlicher Unternehmen, die Deregulierung der Aktienbörsen und anderer Finanzmärkte sowie das neue exportorientierte Entwicklungsmodell, das in den meisten lateinamerikanischen Ländern praktiziert wird. Diese äußerst komplizierten Transaktionen erfordern umfangreiche spezialisierte Inputs, die mit der früheren Handelstätigkeit, mit der das Wachstum von Miami in den siebziger Jahren anhob, nur wenig zu tun haben.

Nun könnte man meinen, daß die Demokratisierung in Lateinamerika und die Öffnung der lateinamerikanischen Volkswirtschaften für den internationalen Handel und die Investitionstätigkeit ausländischer Firmen die Bedeutung Miamis eigentlich hätte schmälern müssen. Aber das Gegenteil ist der Fall. Denn die drastische Zunahme der Topmanagement- und spezialisierten Dienstleistungsaktivitäten in zahlreichen Städten, die als internationale Geschäftszentren fungieren, läßt sich auch in Miami feststellen.

So hat sich Miami in den letzten Jahren zu einem wichtigen Verwaltungs-, Management- und Entscheidungszentrum entwickelt. Seit Mitte der achtziger Jahre richten sich in der Stadt immer mehr Firmen einen untergeordneten Verwaltungssitz ein. Amerikanische Großunternehmen reorganisieren und erweitern ihre Büros in Miami, um den neuen Handelsbeziehungen mit Lateinamerika gerecht zu werden. Texaco zum Beispiel stockte sein Büropersonal in Miami seit 1987 um 33 Prozent auf, um das erweiterte Geschäft mit Kolumbien und Venezuela bewältigen zu können. Ähnliches trifft auch auf den Verwaltungssitz von AT&T in Miami zu, an die vor kurzem 60 Prozent des Auftragsvolumens zur Aufrüstung des mexikanischen Telekommunikationsnetzes ging, was nicht gerade eine Kleinigkeit ist.

Bedeutende Großunternehmen, darunter Aerospatiale aus Frankreich, Rimoldi aus Italien und Mitsui aus Japan, haben in Miami Niederlassungen eröffnet. Gleichzeitig entwickelt sich Miami zur Drehscheibe der Geschäftsbeziehungen lateinamerikanischer Firmen mit den Vereinigten Staaten, ja sogar mit anderen lateinamerikanischen Ländern. Darüber hinaus erwerben deutsche, französische und italienische Firmen zunehmend auch die Immobilien, in denen sie ihren Verwaltungssitz einrichten. In Miami konzentrieren sich allmählich transnationale Geschäftsfunktionen, die zuvor über zahlreiche andere Standorte verstreut waren. So beschloß zum Beispiel General Motors vor kurzem, den Verwaltungssitz, der das Lateinamerika-Geschäft koordiniert und managt, von São Paulo in Brasilien nach Miami zu verlagern.

Ebenfalls vertreten sind in Miami bedeutende internationale Banken aus Lateinamerika, der Karibik, Europa und Asien. 1992 gab es in Miami 65 ausländische Banken. Im Vergleich zu den 464 ausländischen Banken in New York und den 133 in Los Angeles ist das zwar eine geringe Zahl, aber der Abstand zu Chicago mit seinen 80 ausländischen Bankniederlassungen ist gar nicht mehr so groß, so daß Miami in den Vereinigten Staaten diesbezüglich an vierter Stelle rangiert. Ziehen wir des weiteren in Betracht, daß 90 Prozent aller ausländischen Bankniederlassungen in den Vereinigten Staaten auf nur zehn Städte entfallen – allein in New York konzentriert sich schon fast die Hälfte –, so springt die Bedeutung Miamis als internationales Bankenzentrum in die Augen. Nahezu alle ausländischen Bankniederlassungen in Miami sind reguläre Filialen und Vertretungsbüros, in denen sämtliche Bankgeschäfte getätigt werden.

Miami entwickelt sich langsam zu einem wichtigen Telekommunikationszentrum der Region und zieht immer mehr unternehmerische Steuerungsfunktionen an sich. So legte AT&T zum Beispiel das erste Unterwasser-Glasfaserkabel nach Südamerika, das Florida mit Puerto Rico, der Dominikanischen Republik, Jamaica und Kolumbien verbindet. Zur Zeit richtet AT&T in Zusammenarbeit mit Italien, Spanien und Mexiko eine weitere Glasfaserverbindung zwischen diesen Ländern, der Karibik und Florida ein. Schließlich sind auch die umfangreichen Telekommunikationsanlagen der großen regionalen CIA-Zentralen nicht zu übersehen, die der Geschäftstätigkeit meist indirekt zugute kommen (Grosfoguel 1993).

Der Großraum Miami kann als Drehscheibe der internationalen Geschäftstätigkeit gelten, als Zentrum, von dem aus interessierte Firmen aus aller Welt ihre Aktivitäten in Lateinamerika und der Karibik koordinieren und managen können.

Die wachsende Bedeutung der Dienstleistungs- und Finanzunternehmungen in Miami spiegelt sich in der regionalen Beschäftigungsstruktur, dem Ausbau der Kommunikationseinrichtungen und dem großen Angebot an erstklassigen Büroflächen wider. Nicht nur nahm die Beschäftigung im Dienstleistungssektor zwischen 1970 und 1990 um 46,3 Prozent zu – was zum Teil dem Bevölkerungswachstum und dem allgemeinen wirtschaftlichen Strukturwandel geschuldet ist –, sondern es veränderte sich auch die Zusammensetzung dieser Branche (Perez-Stable/Uriarte 1993). Bildeten zunächst der Inlandstourismus und der Einzelhandel die entscheidenden Wachstumssektoren, so traten an ihre Stelle seit dem Ende der achtziger Jahre vor allem die Finanz- und unternehmensorientierten Dienstleistungen sowie der internationale Tourismus der Luxusklasse und in größerem Maßstab jene Bereiche des Einzelhandels, die den expandierenden in- und ausländischen Unternehmenssektor bedienen.

Im Mittelpunkt der modernen Wirtschaft im Großraum Miami steht allerdings der rasch wachsende Sektor der unternehmensorientierten Dienstleistungen. Im Dade County, dem Großraum Miami, hat sich die Beschäftigung in dieser Branche zwischen 1970 und 1989 fast verdoppelt, so daß der Anteil an der Gesamtbeschäftigung des Privatsektors nunmehr bei 20 Prozent liegt. Die Zahl der Beschäftigten im Bank- und Kreditgewerbe verdreifachte sich fast. Bei den sonstigen privaten Dienstleistungen verdoppelte sich die Beschäftigtenzahl; das gleiche gilt für die spezialisierten Dienstleistungen – von der technischen Entwicklung bis hin zur Buchhaltung und -prüfung. Am eindrucksvollsten wuchs der Bereich der Rechtsberatung: Hier vervierfachte sich die Zahl der Beschäftigten. (Mag diese Zunahme auch auf den Aufschwung von zwei anderen in Miami führenden

Branchen zurückgehen – dem Waffengeschäft und dem Drogenhandel –, so hängt sie doch zumindest zum Teil mit dem Wachstum der internationalen Finanz- und Dienstleistungsfunktionen zusammen.)

Eine bedeutende Rolle spielen auch die industriellen Dienstleistungen. Miami ist ein großer Umschlagplatz, die Häfen und Flughäfen der Stadt zählen zu den geschäftigsten der Vereinigten Staaten. In den Häfen von Miami und Umgebung werden mehr Container nach Lateinamerika verladen als in irgendeinem anderen amerikanischen Hafen. Im Passagier- und Frachtverkehr macht Miami nur der Kennedy-Flughafen von New York die führende Rolle streitig. Darüber hinaus konzentrieren sich in der Region zunehmend mehr Unternehmen des produzierenden Gewerbes, die Produkte in die Karibik und nach Lateinamerika exportieren – zwei Regionen, die sich langsam zu bedeutenden Abnehmern amerikanischer Waren entwickeln. Die Freihandelszone von Miami ist eine der größten des Landes.

Dieses Wachstum muß natürlich in Gebäuden untergebracht werden. Ende der achtziger Jahre zählte Miami mit Blick auf das Angebot an erstklassigen zu vermietenden Büroflächen zu den fünfzehn führenden amerikanischen Ballungsgebieten. Obwohl die 4 Mio. Quadratmeter Bürofläche von Miami nur einen Bruchteil der 41 Mio. Quadratmeter von New York, das die Liste anführt, darstellen, ist dieses Angebot alles andere als unbedeutend.

Aus welchen Gründen expandierte der neue internationale Unternehmenssektor ausgerechnet in Miami? Wäre diese Entwicklung auch andernorts, wo es keine kubanische Enklave gibt, möglich gewesen? Alles deutet darauf hin, daß der neue internationale Unternehmenssektor einer anderen Dynamik folgt, namentlich dem weltweiten Trend zur Globalisierung der Geschäftätigkeit von Großunternehmen und der wachsenden Bedeutung und Komplexität der internationalen Investitionstätigkeit in Lateinamerika. Das Wachstum der kubanischen Enklave leistete der Internationalisierung von Miami insofern Vorschub, als es ein Reservoir an zweisprachigen Managern und Unternehmern schuf, die im internationalen Geschäft Erfahrung haben. Diese Ressource war für die Stadt zwar ein Plus im Wettbewerb um das Geschäft mit Lateinamerika, kann aber kaum erklären, warum sich in Miami immer mehr amerikanische, europäische und asiatische Konzerne und Banken niederließen und die hier angebotenen Finanzdienstleistungen einen ungeheuren Aufschwung erlebten. Daß sich in Miami die Funktionen von Global Cities entwickelten, hängt wesentlich mit dem drastischen Anstieg der internationalen Investitionstätigkeit in Lateinamerika, der zunehmenden Komplexität der entsprechenden Transaktionen und dem weltweiten Trend zur Globalisierung der Geschäftätigkeit von Großunternehmen zusammen. Die kubanische Enklave fungiert dabei sicher als bedeutendes Reservoir an Ressourcen, angefangen vom internationalen Dienstleistungs-Know-How bis hin zum spanischsprachigen Personal. Aber die Wachstumsdynamik, die sich in Miami infolge der wirtschaftlichen Globalisierung der vergangenen zehn Jahre entwickelt hat, wurzelt keineswegs in der hergebrachten Geschäftätigkeit der Exil-Kubaner. Schließlich wäre noch festzuhalten, daß Miami nunmehr zwar ein Schauplatz der transnationalen Geschäftätigkeit großer Konzerne aus aller Welt ist, der überwiegende Teil dieser Wirtschaftsaktivitäten sich jedoch weiterhin auf Lateinamerika und die Karibik bezieht. In diesem Sinn kann Miami als Standort der Funktionen von Global Cities gelten, obwohl es keine Global City wie Paris oder London ist.

Die zunehmende Dichte und Spezialisierung von Funktionen in Finanzzentren: der Fall Toronto

In sämtlichen führenden Finanzzentren der Welt kam es im Laufe der achtziger Jahre zu einer immer dichteren Bebauung mit Bürogebäuden und einer wachsenden Spezialisierung der wichtigsten dort untergebrachten Aktivitäten. Diese andauernde und weiter zunehmende Konzentration, könnte man auf den Umstand zurückführen, daß es sich dabei meist um alte Geschäftsviertel handelt, deren Infrastruktur vor der Ära der modernen Telekommunikation errichtet wurde, so daß diese Bebauungsstruktur nicht *an sich* notwendig wäre. Mit anderen Worten, die auch heute zu beobachtende Bebauungsdichte sei kein Resultat der Agglomerationstendenz des Komplexes aus Finanz- und unternehmensorientierten Dienstleistungen, sondern stelle eine Hypothek der Vergangenheit dar.

Toronto ist hier insofern interessant, als ein Großteil des dortigen Finanzviertels erst in der zweiten Hälfte der achtziger Jahre errichtet wurde, die Stadt zu Beginn dieses Jahrzehnts mithin ein weit kleineres und unbedeutenderes Finanzviertel besaß als etwa New York, London oder Amsterdam (City of Toronto 1990). Darüber hinaus wurden in den achtziger Jahren auch im weiteren Umland der Stadt massiv Bürohäuser gebaut, die mit allen damals zur Verfügung stehenden Telekommunikationseinrichtungen versehen sind. Insofern hätte das Finanzgewerbe durchaus die Möglichkeit gehabt, sich außerhalb der engen Grenzen des zentral gelegenen Geschäftsviertels niederzulassen. Genau das aber war nicht der Fall. Wie Gunther Gad, ein führender Spezialist der räumlichen Aspekte der Büro-Ökonomie in Toronto, ausführt, war vielmehr ein hochverdichtetes Büroviertel gefragt; »›lange Wege‹ von 15 Minuten stoßen auf Ablehnung« (Gad 1991: 206f.; vgl. Canadian Urban Institute 1993).

Ursprünglich beherbergte das Geschäftsviertel von Toronto die Verwaltungssitze von Firmen des produzierenden Gewerbes und des Großhandels, die Druckereien der beiden wichtigsten Tageszeitungen und zahlreiche Versicherungsgesellschaften. Umfangreiche Gewerbeflächen waren auch an den Einzelhandel vermietet. Aber die Läden und Restaurants, die vormals im Erdgeschoß der meisten Häuserblocks zu finden waren, wurden unter die Erde verlegt, so daß die tatsächliche und sichtbare Bürodichte des Viertels weiter zunahm. Bis in die fünfziger Jahre war das derzeitige Finanzviertel noch ein allgemeines städtisches Büroviertel, in dem sich die Unternehmenssitze von Firmen aus allen wichtigen Wirtschaftszweigen befanden. In den folgenden zwanzig Jahren aber verließen viele Branchen das Viertel, angefangen von der Versicherungswirtschaft, über Werbeagenturen bis hin zu Architektur- und Ingenieurbüros.

Dieses Muster läßt sich auch in anderen Großstädten beobachten. In London verlagerten zahlreiche Versicherungsgesellschaften ihren

Verwaltungssitz in andere Stadtteile, in Frankfurt und Zürich wurde die Innenstadt zunehmend zur ausschließlichen Domäne des Finanzgewerbes, und in New York entstand im Zentrum ein neues Büroviertel, in dem sich immer mehr Werbeagenturen, Rechtsanwaltsbüros und andere Wachstumsbranchen niederlassen, während sich die Wall Street zunehmend auf Finanzdienstleistungen spezialisiert.

Zwischen 1970 und 1989 verdoppelte sich im Finanzviertel von Toronto die Zahl der Büroarbeitsplätze; ihr Anteil an der Gesamtbeschäftigung stieg von 77,6 Prozent auf 92,3 Prozent, während die Zahl der gewerblichen Arbeitsplätze abnahm. Im gleichen Zeitraum wandelte sich auch die Beschäftigungsstruktur. So sank der Anteil des Versicherungsgewerbes an der Gesamtheit der Büroarbeitsplätze von 14,6 auf 9,8 Prozent, obwohl in absoluten Zahlen eine Zunahme zu verzeichnen war. 1989 entfiel weit über die Hälfte der Büroarbeitsplätze auf das Finanz-, Versicherungs- und Immobiliengewerbe und 28 Prozent auf die unternehmensorientierten Dienstleistungen. Nach Gad (1991) wiesen die Banken, die Treuhand- und Investmentgesellschaften sowie der Wertpapierhandel und die Erschließungsfirmen besonders hohe Wachstumsraten auf. Ähnliches gilt auch für eine Reihe von unternehmensorientierten Dienstleistungen wie Rechts- und Unternehmensberatung, Buchführung und Computerservice. Andere hingegen, darunter Architektur- und Ingenieurbüros, stagnierten.

Eine detailliertere Analyse zeigt andere Muster. Bis in die siebziger Jahre war es in den Großstädten der Industrieländer im Normalfall so, daß die dortigen Großbanken sämtliche Geschäftsvorgänge in einem einzigen, im Finanzviertel befindlichen Gebäude abwickelten. Anfang der achtziger Jahre wurde es hingegen üblich, alle routinisierten Sachbearbeiterstellen und Aufgaben aus der im Finanzviertel liegenden Hauptniederlassung in andere Teile des städtischen Ballungsraums zu verlagern. Dieses Muster kann man auch in Toronto beobachten. Auch in anderen Gewerbezweigen wurden Routinetätigkeiten zunehmend ausgelagert – auch dies ein Muster, das in allen großen Geschäftszentren den Normalfall bildet. Diese Trends

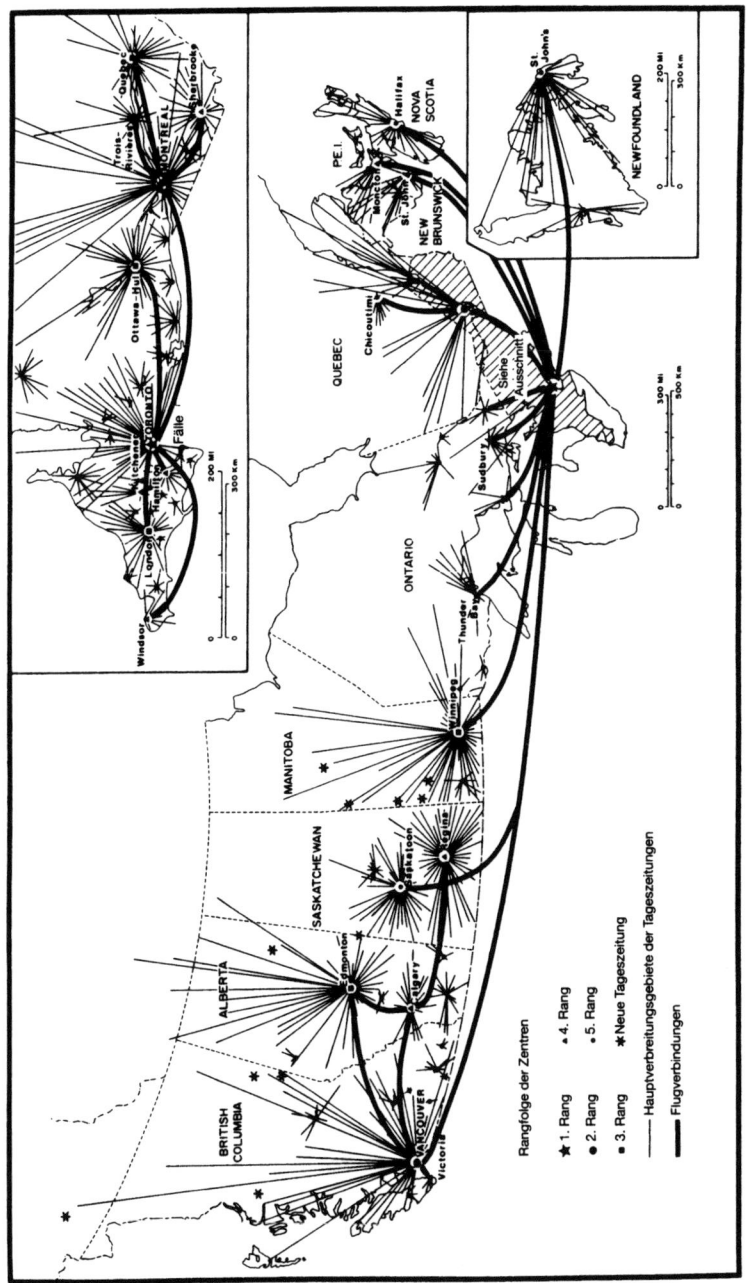

Das System der kanadischen Zentren (Kolb/Overbeck 1986: Abb. 3)

115

sowie der steigende Anteil von hochqualifizierten Spezialisten und Führungskräften an der Gesamtbeschäftigung führten im Finanzviertel von Toronto zu einer ausgeprägt dualen Beschäftigungsstruktur: Während 41 Prozent aller Beschäftigten Spitzenjobs besitzen – 1980 waren es erst 31,5 Prozent –, verrichtet die Hälfte der Beschäftigten Angestellten- und andere vergleichsweise schlechtbezahlte Tätigkeiten.

Toronto hat in Kanada die größte Konzentration an Unternehmensniederlassungen. Fünfzig der größten kanadischen Finanzinstitute haben ihren Geschäftssitz in Toronto, 39 davon im Finanzviertel, darunter die meisten kanadischen und ausländischen Banken sowie die Mehrzahl der Treuhandgesellschaften. Zahlreiche andere Finanzinstitute unterhalten in Toronto Zweigniederlassungen, und einige Versicherungsgesellschaften mit Sitz in anderen Städten haben hier ihre Investitionsabteilung eingerichtet. Ebenfalls in Toronto befinden sich die größten kanadischen Investmentgesellschaften, einige der größeren Rentenfonds und verschiedene Handelsgesellschaften (Todd 1993).

Im allgemeinen werden im Finanzviertel der Großstädte nur Führungsaufgaben erledigt und die komplexesten, innovativsten Tätigkeiten ausgeführt, während Routinetätigkeiten ausgelagert werden können. Eher risikobehaftete, spekulative Tätigkeiten wie der Wertpapierhandel gewinnen im Finanzviertel anteilsmäßig zunehmend an Bedeutung. Im Finanzviertel können große, komplexe Anleihen zusammengestellt und komplizierte Unternehmensfusionen und -käufe ausgeführt werden. Großunternehmen, die für risikoreiche Unternehmungen wie Baulanderschließung und Bergbau umfangreiche Investitionsgelder benötigen, finden hier, was sie brauchen – wobei häufig mehrere Geldgeber und verschiedene Kreditformen beteiligt sind (Gad 1991).

So sieht der spezialisierte Produktionsprozeß aus, wie er sich im Finanzviertel der heutigen Großstädte darstellt. Die dort herrschende hohe Bebauungsdichte hängt auch mit der Art dieser Aktivitäten zusammen – daß jeder Geschäftsvorgang hohe Kapitalbeträge bewegt, recht komplex und risikoreich ist und die Beteiligung zahlreicher Unternehmen erfordert. Einerseits ist es schon an sich von Vorteil, sein Büro im Finanzviertel zu haben, wo alle anderen wichtigen Marktteilnehmer zu finden sind; andererseits wird es aufgrund des risikoreichen, komplexen und spekulativen Charakters vieler Geschäftsvorgänge immer wichtiger, direkt mit den verschiedenen Geschäftspartnern verhandeln zu können. Im Finanzviertel gibt es dafür vielfältige Gelegenheiten: Arbeitsfrühstück, Mittagessen, Zusammenkünfte mit Vertretern der eigenen oder anderer Firmen, Cocktail-Partys und seit neuestem die Gesundheitsstudios. Bei diesen Gelegenheiten kann man regelmäßig viele wichtige Entscheidungsträger treffen, um mit Blick auf eventuelle gemeinsame Produktangebote ein gewisses Vertrauensverhältnis zu potentiellen Geschäftspartnern aufzubauen oder bei anstehenden Unternehmensfusionen und -käufen sowie bei Joint-Ventures neue Vorschläge zu erarbeiten. Die Telekommunikation kann diese persönlichen Kontakte nicht ersetzen, sondern baut vielmehr darauf auf. Die Komplexität, das hohe Risiko, der spekulative Charakter und der unvollkommene Wissensstand bei vielen Unternehmungen sowie die Beschleunigung des Informationsflusses und der Transaktionen lassen den persönlichen Kontakt und die räumliche Nähe immer wichtiger werden. An Toronto wird deutlich, daß hohe Dichte und zunehmende Spezialisierung, die alle großen Finanzviertel prägen, den organisatorischen Bedürfnissen des Finanzgewerbes und der damit zusammenhängenden Gewerbezweige entsprechen. Toronto hätte durchaus die Möglichkeit gehabt, seinen Finanzsektor räumlich zu entzerren und also der Strategie zahlreicher in- und ausländischer Konzerne zu folgen, die sich im gesamten Großraum Toronto entlang hypermoderner Kommunikationsstränge niederließen. Daß Toronto diese Möglichkeit nicht nutzte, legt nahe, daß sich die räumliche Konzentration des Finanzsektors im zentral gelegenen Geschäftsviertel nicht aus einer überkommenen, altmodischen Bebauungsstruktur erklärt, sondern den derzeitigen wirtschaftlichen Erfordernissen entspricht.

Die Konzentration der Finanzfunktionen in einem weiten Land: der Fall Sydney

Die Analyse von Toronto brachte zwei Formen der Konzentration zum Vorschein: die unverhältnismäßig hohe Konzentration von Finanzfunktionen in einem kleinen Stadtteil – dies das Hauptthema des vorigen Abschnitts – und die unverhältnismäßig hohe Konzentration sämtlicher kanadischer Finanzfunktionen und Unternehmenssitze in einer einzigen Stadt, in Toronto. Lassen sich diese Konzentrationstendenzen, die wir am Finanzviertel von Toronto beobachten konnten, auch dann feststellen, wenn die geographische Bezugsgröße nicht die Stadt, sondern ein ganzes Land ist – etwa bei Ländern von kontinentalen Ausmaßen, die historisch durch eine Vielzahl von allesamt weltmarktorientierten Wachstumspolen gekennzeichnet sind?

In diesem Abschnitt möchten wir am Beispiel Australien etwas detaillierter die zweite Tendenz untersuchen, die Tendenz zur Konzentration im nationalen Maßstab. Neben Kanada und den Vereinigten Staaten besitzt Australien ein Städtesystem, das sich durch einen beträchtlichen Grad an Multipolarität auszeichnet. In Australien ist dieser Zug aufgrund der Insellage, die eine starke Außenorientierung der einzelnen Großstädte mit sich brachte, besonders ausgeprägt. Entsprechend wäre zu erwarten, daß es starke Tendenzen zur Herausbildung *mehrerer* internationaler Finanz- und Geschäftszentren gibt. Anders gefragt: Ist auch Australien durch eine Raumökonomie geprägt, die sich durch eine unverhältnismäßig hohe Konzentration der internationalen Geschäfts- und Finanzfunktionen in einer einzigen Stadt auszeichnet?

Zwischen dem Ende des II. Weltkriegs und den siebziger Jahren entwickelte sich Australien zu einem sehr reichen Land mit zahlreichen städtischen Zentren, einer zunehmenden Ausfuhr von landwirtschaftlichen und industriellen Erzeugnissen und niedriger Arbeitslosigkeit. Während dieser Zeit entstanden in Australien mehrere städtische Ballungsräume und zahlreiche Wachstumspole. Melbourne, die alte Hauptstadt des Bundesstaates Victoria, war und blieb der traditionelle Mittelpunkt von Handel, Banken und Großunternehmen sowie allgemein der Ort Australiens, an dem sich der alte Reichtum des Landes konzentrierte.

Wie andere Industrieländer machte auch Australien seit Beginn der siebziger Jahre eine Phase des wirtschaftlichen Strukturwandels durch: Im produzierenden Gewerbe sank die Beschäftigung, im Dienstleistungssektor stieg sie, informationsintensive Gewerbezweige erlebten einen Aufschwung, und es kam zu einer wachsenden Internationalisierung der Fertigungsprozesse, der Dienstleistungen und der Investitionstätigkeit. Mitte der achtziger Jahre wurden die Institutionen des Finanzgewerbes dereguliert und in die globalen Finanzmärkte integriert. Die Direktinvestitionen aus dem Ausland nahmen massiv zu und flossen nun nicht mehr so sehr in die Landwirtschaft, den Bergbau und das produzierende Gewerbe, sondern zunehmend in den Immobilien- und Dienstleistungssektor, während sich ihre Herkunft gleichzeitig von Europa nach Asien verlagerte. Asiatische Länder sind nun in sämtlichen wichtigen Gewerbezweigen die Hauptquelle der Direktinvestitionen, und ganz allgemein orientiert sich die Handels- und Investitionstätigkeit stärker auf die Randgebiete des pazifischen Raums (Daly/Stimson 1992). Die unternehmensorientierten Dienstleistungen entwickelten sich in allen städtischen Ballungsgebieten zum wichtigsten Wachstumssektor, so daß gegen Ende der achtziger Jahre 48 Prozent aller australischen Beschäftigten im Dienstleistungsbereich (einschließlich Groß- und Einzelhandel sowie öffentlichem Dienst) tätig waren. Mit Blick auf den Export wiesen die unternehmensorientierten Dienstleistungen und der Tourismus die höchsten Wachstumsraten auf.

Die Verlagerung der Investitionstätigkeit vom produzierenden Gewerbe hin zum Finanz-, Immobilien- und Dienstleistungssektor war in den achtziger Jahren vor allem in den städtischen Ballungsgebieten zu beobachten (Stimson 1993). In diesem Zeitraum floß ein Großteil der Investitionen im Immobilien- und Finanzgewerbe nach Sydney. 1982-1983 lagen die Investitionen im produzierenden Gewerbe der Stadt bei 1,15 Mrd. australischen Dollar, während sie im Finanz- und Immobiliengewerbe sowie im Bereich der sonstigen privaten Dienstleistungen 1,32 Mrd. Dollar betrugen. Bereits 1984-1985 hatten sich die Relationen weiter zugunsten des Dienstleistungssektors verschoben: Die Investionen lagen nun bei 820 Mio. beziehungsweise 1,49 Mrd. australische Dollar. In kleinerem Maßstab ließen sich diese Trends zwar auch in anderen großen Ballungsräumen beobachten (Stimson 1993: 5). Aber schon 1986 war ein unverhältnismäßig hoher Teil der Finanz- und sonstigen privaten Dienstleistungen in Sydney konzentriert, so daß die Stadt ihre Konkurrenz immer weiter hinter sich ließ. Der massive Immobilienboom zwischen 1985 und 1988 machte Sydney sowohl mit Blick auf die Höhe der Investitionen als auch hinsichtlich des Angebots an erstklassigem Büroraum zum führenden Markt Australiens.

Dale und Stimson (1992) zufolge ist Sydney Australiens wichtigstes Tor zur Welt und die einzige »Weltstadt« des Landes. Sydney besitzt in Australien noch vor Melbourne, dem einst wichtigsten Wirtschaftszentrum, die größte Konzentration an internationalen Großunternehmen und Finanzfirmen. Rund 150 internationale Unternehmen haben ihren Verwaltungssitz in Sydney, nur 43 in Melbourne. Sie stammen aus insgesamt 29 Ländern, wobei 48 Firmen aus Japan, 29 aus den Vereinigten Staaten und 14 aus Großbritannien kommen. In Sydney haben 10 Handelsbanken und 81 Geschäftsbanken ihren Hauptsitz, in Melbourne sind es nur 4 beziehungsweise 6. 1989 hatten sechzig der 100 größten Unternehmen Australiens ihren Geschäftssitz in Sydney und 29 in Melbourne. 1984 lagen diese Zahlen bei 45 beziehungsweise 41. Sydneys Aktienbörse rangiert mit Blick auf die Höhe der Kapitalisierung weltweit auf Platz 9, der Devisenmarkt bezogen auf den Umsatz auf Platz 8, und Sydneys Futures-Markt ist der größte Asiens und der achtgrößte der Welt. Australien entwickelt sich in den Augen asiatischer Großkonzerne langsam zu einem attraktiven Standort, und Sydney, wo die meisten internationalen Kontakte geknüpft werden können, steht hier an erster Stelle (O'Connor 1990).

Schon früher war Australien auf ausländische Investitionen angewiesen, um die Industrieproduktion, den Bergbau und die Landwirtschaft zu entwickeln. Seit den achtziger Jahren jedoch erreichten die Investitionen aus dem Ausland eine solche Größenordnung, daß eine qualitative Veränderung und in diesem Sinn ein wirtschaftlicher Internationalisierungsprozeß stattgefunden haben muß. Zwischen 1983-1984 und 1988-1989 nahmen die ausländischen Direktinvestitionen in Australien von 81,9 Mrd. auf 222,9 Mrd. australische Dollar, d. h. im Jahresdurchschnitt um 34 Prozent zu. Dabei fiel die bei 29 Prozent liegende jährliche Zunahme im produzierenden Gewerbe noch gering aus, denn im Finanz- und Immobiliengewerbe sowie im Bereich der sonstigen privaten Dienstleistungen lag das jährliche Durchschnittswachstum bei 83 Prozent. Ein zunehmender Teil dieser Investitionen stammt aus Japan und dem übrigen Asien, während der Anteil der Vereinigten Staaten und Großbritanniens, bisher die beiden Hauptinvestoren, sinkt. Der Anteil Japans stieg um 280 Prozent und erreichte 1989 nahezu 15 Prozent aller ausländischen Direktinvestitionen. Seit 1990 entwickeln sich auch Singapur, Hongkong und Taiwan zu bedeutenden Investoren. In der zweiten Hälfte der achtziger Jahre, insbesondere im Anschluß an die Deregulierung der Finanzinstitutionen, floß das meiste Kapital über Handelsgesellschaften und Banken ins Land. Der Immobilienboom hing unmittelbar mit diesem Kapitalimport zusammen, ebenso wie die folgende Krise von 1989-1990, als sich die ausländischen Investoren aus diesen Märkten zurückzogen. 1985-1986 wurden mehr als 28 Prozent aller ausländischen Direktinvestitionen in Immobilien angelegt, 1988-1989 war dieser Anteil auf 46 Prozent gestiegen. Dreißig Prozent davon gingen auf das Konto japanischer Investoren. Ebenfalls aus Japan stammten im selben Zeitraum 70 Prozent aller Investitionsvorhaben im Bereich des Tourismus. Die Investitionen in Tourismusprojekte stiegen zwischen 1982 und 1989 von 400 Mio. auf 1,61 Mrd. australische Dollar, während der Wert aller wichtigen im Bau befindlichen oder vertraglich vereinbarten Projekte zwischen 1987 und 1990 auf mehr als das Doppelte, das heißt 23 Mrd. australische Dollar, zunahm. Ein Drittel dieser Investitionen ging nach New South Wales, 21 Prozent flossen nach Queensland, was eine Verlagerung weg von älteren Regionen wie dem Bundesstaat Victoria mit seiner Hauptstadt Melbourne bedeutet. Nahezu die Hälfte aller Investitionen in New South Wales (Hauptstadt Sydney) ging in den Bereich der gewerblichen Immobilien.

Noch deutlicher wird die geographische Verteilung dieser Investitionen, wenn wir bedenken, daß der überwiegende Teil in die zentralen Geschäftsviertel (ZGV) der Großstädte floß, wobei Sydney der Hauptempfänger war. Zwischen 1975 und 1984 finanzierten ausländische Investoren rund 10 Prozent der Gesamtinvestitionen im Bereich der gewerblichen Immobilien. Zwischen 1980 und 1984 ging dieser Anteil, bedingt durch den weltweiten Rückgang der Auslandsinvestitionen, zurück. Aber schon kurz darauf wendete sich das Blatt wieder, und um 1984 waren 15 Prozent aller ZGV-Büros in Sydney und 12,5 Prozent in Melbourne in ausländischer Hand (Adrian 1984). In der zweiten Hälfte der achtziger Jahre nahmen die Investitionen in den ZGVs der Großstädte drastisch zu, insbesondere in Sydney, Melbourne und Brisbane. Wie Stimson (1993) anmerkt, wurde der Wert der Grundstücke im Geschäftsviertel von Sydney, die sich 1990 in der Hand japanischer Investoren befanden, auf 1,55 Mrd. australische Dollar geschätzt, wobei der gesamte Betrag in der zweiten Hälfte der achtziger Jahre investiert wurde. Auf dem Höhepunkt des Booms 1988-1989 lag der Wert der Grundstücke im Geschäftsviertel von Sydney nach offiziellen Schätzungen bei 17,4 Mrd. australische Dollar, wobei sich ein Zehntel im Besitz japanischer Investoren befand.[1] Auch im zentralen Geschäftsviertel von Melbourne wurden zahlreiche Immobilien von ausländischen Investoren erworben oder finanziert. In Brisbane wurden über 40 Prozent der gesamten Bürofläche zwischen 1983 und 1990 erbaut. Seither sind die ausländischen Investitionen überall drastisch zurückgegan-

---

1 Die japanischen Immobilienkäufe nahmen sehr rasch zu. Belief sich ihr Wert noch 1986 auf nur 119,5 Mio. australische Dollar, so war er schon 1990 auf 324 Mrd. australische Dollar gestiegen. Der Gesamtwert der japanischen Immobilienerwerbungen belief sich im Juli 1990 auf 2696 Mrd. australische Dollar, worin sich bereits eine leichte Entwertung, die der beginnenden Krise von 1989-1990 geschuldet war, widerspiegelt.

gen. Der Markt für Büroraum in zentralen Geschäftsvierteln liegt danieder, eine Situation, die in allen größeren Geschäftszentren der Welt zu beobachten ist.

Allem Anschein nach führt der Aufstieg des Finanz- und Dienstleistungsgewerbes sowie die wachsende Internationalisierung auch in einem so weiträumigen und wirtschaftsstarken Land wie Australien zu einer markanten Konzentration strategischer Funktionen und Investitionen in einer einzigen Stadt. Australische Volkswirtschaftler haben darauf hingewiesen, daß der wirtschaftliche Strukturwandel in Australien wesentlich mit der wachsenden Internationalisierung der Wirtschaft und der Entstehung neuer Beziehungen zwischen den verschiedenen Regionen, Sektoren und Städten auf der einen und der globalen Ökonomie auf der anderen Seite zusammenhängt (Daly/ Stimson 1992; O'Connor 1990; Rimmer 1988; Stimson 1993). Dieser Prozeß verlief außerordentlich rasch, wenn man bedenkt, daß Australien sein Finanzsystem erst 1983-1984 dereguliert und der weltweiten Konkurrenz geöffnet hat. Die ausländischen Investitionen, der internationale Flugverkehr und Tourismus und die Standorte zahlreicher Wirtschaftsaktivitäten und Unternehmenszentralen, die auf globale Netze angewiesen sind – all das spiegelt diesen Prozeß der Internationalisierung und Konzentration wider.

Globalisierung und Konzentration: die Dynamik führender Finanzzentren

Alle großen Industrieländer der Welt zeigen ähnliche Muster hoher Konzentration von Finanzaktivitäten und unternehmensorientierten Dienstleistungen in einem einzigen Zentrum: Paris in Frankreich, Mailand in Italien, Zürich in der Schweiz, Frankfurt in Deutschland, Toronto in Kanada, Tokio in Japan, Amsterdam in den Niederlanden und, wie wir soeben sahen, Sydney in Australien. Deutlich ist auch, daß die Konzentration des Finanzgewerbes in diesen führenden Zentren im Laufe der letzten zehn Jahre weiter zunahm. So steht Basel,

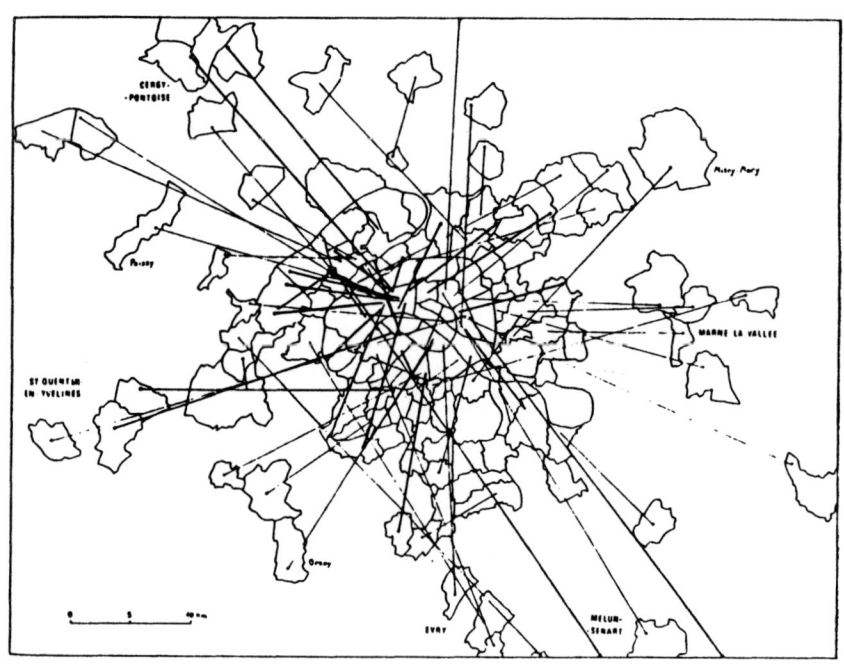

Dezentralisierung der sozialen Einrichtungen im Großraum Paris (Bastié 1984: 97)

vormals ein sehr wichtiges Finanzzentrum der Schweiz, nunmehr völlig im Schatten Zürichs (Keil/Ronneberger 1993), und Montreal, noch vor zwei Jahrzehnten ohne Zweifel ein wichtiges kanadisches Zentrum, wurde von Toronto weit überrundet. Ähnlich ist es auch mit Osaka, das mit Tokio früher weit stärker auf den japanischen Finanzmärkten konkurrieren konnte als seit dem Ende der achtziger Jahre.

Ist diese Tendenz zur Konzentration innerhalb der einzelnen Länder eine für die Finanzzentren neuere Entwicklung? Ein Ausflug in die Geschichte zeigt einige interessante Muster. Von Anbeginn waren die Finanzfunktionen durch eine hohe Konzentration gekennzeichnet. Sie entwickelten sich oft im Zusammenhang ausgedehnter Weltreiche – so etwa im Fall des britischen und niederländischen Kolonialreichs – oder aber im Zusammenhang von Quasi-Imperien, wie es sich angesichts der überwältigenden Wirtschafts- und Militärmacht für die Vereinigten Staaten in den letzten fünfzig Jahren darstellte.

Zu den ersten Finanzzentren gehörten die italienischen Städte des Mittelalters, zum Beispiel Florenz, das eine der stabilsten Währungen Europas besaß: den Florin. Im 17. Jahrhundert rückte Amsterdam in den Vordergrund. Amsterdam führte das Zentralbanksystem und die Börse ein, was wahrscheinlich mit der ausgedehnten internationalen Handelstätigkeit der Stadt und ihrer Rolle als unbestrittenes internationales Handels- und Währungszentrum zusammenhing. Hundert Jahre später hatte sich London zum wichtigsten internationalen Finanzzentrum und Markt für europäische Staatsschulden entwickelt. Der Aufstieg Londons zur Finanzhauptstadt der Welt war deutlich eine Funktion des britischen Empires. Um 1914 trat New York, das sich im amerikanischen Bankengeschäft gegen Philadelphia und Boston durchgesetzt hatte, als ernsthafter Konkurrent Londons auf. London war jedoch auch der Dreh- und Angelpunkt des internationalen Finanzsystems, und diese Rolle konnte New York damals noch nicht spielen. Erst nach dem II. Weltkrieg, als Großbritannien und andere europäische Staaten in Trümmern lagen, stieg New York aufgrund der ungeheuren Wirtschaftskraft der Vereinigten Staaten zum Finanzzentrum der Welt auf.

Im Unterschied zu diesem Zusammenhang von Weltreich und Weltfinanzzentrum führte die Entstehung der Nationalstaaten zur Herausbildung einer Vielzahl von Finanzzentren, die im Normalfall mit den Hauptstädten der jeweiligen Länder identisch waren. Darüber hinaus bildeten sich mit der aufkommenden Massenfertigung nicht nur riesige, im Normalfall regional verankerte Vermögen, sondern auch regionale Finanzzentren. Chicago und Osaka sind hier nur zwei Beispiele. Der erneute Aufschwung des Finanzgewerbes in den achtziger Jahren ließ die Tendenz zur Konzentration in einer begrenzten Zahl von Finanzzentren erneut hervortreten.

Es scheint, daß die derzeitigen Entwicklungen nur ein altes Muster fortsetzen. Wir verstehen nun, warum New York, London und Tokio nach einem Jahrzehnt massiven weltweiten Wachstums im Finanzgewerbe ihre führende Rolle behalten und weiterhin einen unverhältnismäßig großen Teil aller damit verbundenen Tätigkeiten auf sich konzentrieren. Zwischen 1980 und 1991 wuchsen die internationalen Bankdarlehen zum Beispiel von 1890 Mrd. auf 6240 Mrd. US-Dollar, was nahezu einer Verdreifachung in zehn Jahren entspricht. Nach Angaben der Bank für Internationalen Zahlungsausgleich – der weltweit führenden Institution mit der Aufgabe, die Bankentätigkeit zu beobachten – entfielen auf New York, London und Tokio 1980 42 Prozent und 1991 41 Prozent der internationalen Bankdarlehen. Verändert hat sich allerdings die Zusammensetzung. Japans Anteil wuchs von 6,2 auf 15,1 Prozent, während der Anteil Großbritanniens von 26,2 auf 16,3 Prozent fiel und der der Vereinigten Staaten unverändert blieb. In absoluten Zahlen war bei allen drei Wachstum zu verzeichnen. Zählt man noch die Schweiz, Frankreich, Deutschland und Luxemburg hinzu, so beläuft sich der Anteil der sieben führenden Zentren 1991 auf 64 Prozent, was etwa derselben Größenordnung wie 1980 entspricht. Chicago beherrscht den Welthandel mit Futures: Hier wurden 1991 60 Prozent sämtlicher Optionen- und Futures-Kontrakte abgeschlossen. Auch im Aktien- und Devisenhandel ist eine hohe Konzentration zu verzeichnen.

Wir möchten in diesem Zusammenhang noch einmal betonen, daß dieser unveränderte Konzentrationsgrad im Zusammenhang eines immensen absoluten Wachstums sowie der weltweiten Deregulierung und Globalisierung des Finanzgewerbes stand, in deren Verlauf eine zunehmende Zahl von Ländern in die Weltmärkte einbezogen wurde. Darüber hinaus ist interessant, daß diese Konzentration in einer Zeit zu beobachten ist, in der die Finanzdienstleistungen mobiler sind denn je zuvor, wobei diese Mobilität, die technisch ausgedehnte Telekommunikationseinrichtungen und elektronische Netze voraussetzt, wesentlich durch die Globalisierung, Deregulierung und Verbriefung von Schulden bedingt ist.[2] Infolge dieser Entwicklung verschärft sich zunehmend die Konkurrenz unter den Finanzzentren um diese hypermobilen Finanzdienstleistungen. Gleichwohl wurde der Konkurrenzaspekt meines Erachtens sowohl in der Fachliteratur wie auch in allgemeineren Darstellungen zum Thema überbetont. Wie in Kapitel 3 ausgeführt, gibt es zwischen den verschiedenen Hauptfinanzzentren auch eine gewisse funktionale Arbeitsteilung. Insofern sollten wir das internationale Finanzsystem auch als ein in sich gegliedertes System mit verschiedenen Standorten verstehen.

Mit der Hypermobilität des Finanzkapitals steigt auch die Bedeutung der Technologie. Geld kann von einem Teil der Welt in den anderen verschoben und Geschäfte können abgeschlossen werden, ohne daß man auch nur einmal von seinem Computer-Terminal aufzustehen braucht. Dank der Elektronik gibt es nun abstrakte Marktplätze, die wir als Cyberspace der internationalen Finanz auffassen können (Sassen 1993). Beispiele für solche abstrakten Märkte, die im Gegensatz zum normalen Aktienmarkt keinen Börsensaal mehr kennen, sind die National Association of Securities Dealers Automated Quotations (NASDAQ) und die Devisenmärkte.

---

2 Bei der Verbriefung treten an die Stelle der traditionellen Bankfinanzierung handelsfähige Schulden. So können zum Beispiel Tausende von Hypotheken zu einem Bündel zusammengefaßt und auf spezialisierten Märkten gehandelt werden. Darin besteht eine der wichtigsten Innovationen des Finanzgewerbes der achtziger Jahre. Durch die Verbriefung können alle möglichen (mutmaßlich Wert darstellenden) Schulden verkauft werden, wodurch der Gesamtumsatz des Finanzgewerbes weiter ansteigt.

Und dennoch setzte sich der Trend zur Konzentration auch in den letzten zehn Jahren ungebrochen, ja mit neuem Elan fort. Darüber hinaus wird in der Diskussion um die Bildung eines europäischen Binnenmarktes und gemeinsamen Finanzsystems vielfach erörtert, inwiefern ein konkurrenzfähiges europäisches Finanzsystem anstelle der bisherigen Struktur, in der jedes Land über ein eigenes Finanzzentrum verfügt, nicht eine Zentralisierung der Finanzfunktionen und des Finanzkapitals in einer begrenzten Zahl von Städten ermöglicht, ja erfordert.

Diese Konzentrationstendenzen scheinen den Finanzzentren von Natur aus eigen zu sein. Führende Finanzzentren besitzen eine Vielfalt von Finanzinstitutionen und -märkten. Auf sie entfällt ein bedeutender Teil der weltweiten Aktivitäten auf den verschiedenen Märkten. Gewöhnlich dienen sie als Standort von Banken und anderen Finanzinstituten, die einen bedeutenden Anteil am internationalen Darlehensgeschäft, Devisenhandel und Fonds-Management haben. Des weiteren haben sie große oder bedeutende Wertpapierbörsen, ob für Schuldverschreibungen, Aktien oder deren Derivate.

Manche der größeren Finanzzentren konzentrieren sich auf das internationale Geschäft, andere auf das Inlandsgeschäft. So ist London mit seinen starken Eurodollar- und Devisenmärkten extrem international orientiert, während New York und Tokio angesichts des enormen amerikanischen und japanischen Binnenmarkts zu einem Großteil inländische Investoren sowie Darlehensnehmer und -geber bedient. Die härteste Konkurrenz zwischen den internationalen Finanzzentren herrscht auf den Kapitalmärkten; einige davon sind extrem international orientiert, insbesondere die Devisen- und Eurodollar-Märkte. London hat hier einen sehr großen Marktanteil. Schließlich nahm aufgrund der Globalisierung des Gewerbes die Komplexität der Transaktionen zu, und die Deregulierung der Märkte förderte die Erfindung zahlreicher neuer komplexer Instrumente. Dieser Wandel konnte die Bedeutung der führenden Zentren nur steigern, da sie die einzigen sind, die mit solcher Komplexität umzugehen wissen.

Die Raumökonomie des Zentrums

Welche räumlichen Konsequenzen ergeben sich aus diesem neuen Wirtschaftskomplex? Welche urbane Form entspricht diesem Komplex? Drei unterschiedliche Muster lassen sich diesbezüglich in den wichtigsten Städten und ihren Regionen in den Industrieländern feststellen. Erstens nahm in den achtziger Jahren die Arbeitsplatzdichte in den traditionellen städtischen Zentren zu, eine Folge des Wachstums der führenden Branchen und verwandten Industrien. Diese Art des Wachstums fand auch in den dynamischsten Städten der Entwicklungsländer statt, in Bangkok, Taipei, São Paulo, Mexico City und gegen Ende der achtziger Jahre auch in Buenos Aires. Zweitens entstanden parallel dazu im weiteren Großraum der Städte dichte Knotenpunkte neuer Wirtschaftsaktivitäten, ein Sachverhalt, der in den Entwicklungsländern mit Ausnahme der bereits erörterten exportorientierten Wachstumspole nicht zu finden ist. Diese Knotenpunkte können verschiedener Art sein: suburbane Bürokomplexe, *Edge Cities*, *Exopoles*, städtische Agglomerationen am Rand eines Ballungsgebietes. Der Begriff der Edge City bezieht sich auf signifikante Ansammlungen von Bürokomplexen, geschäftlichen Aktivitäten und Wohngebieten am Rand eines Ballungsraums, der mit dem Zentrum durch die modernsten elektronischen Mittel verbunden ist. Insofern sind Edge Cities nur selten in Entwicklungsländern zu finden, wo Städte im Normalfall offenbar endlos ins Umland weiterwuchern. In den Industrieländern aber ist der Raum der international führenden Städte durch die Wiederbelebung des Zentrums bei gleichzeitiger Entstehung neuer am Rande angesiedelter Knotenpunkte geprägt. Drittens sehen sich jene Gebiete und Sektoren, die außerhalb des beschriebenen weltmarktorientierten Subsystems existieren, zunehmend auf sich selbst und ihre Marginalität zurückgeworfen; steigende Armut und Benachteiligung sind die Folge. Diese allgemeine Dynamik läßt sich in Städten mit höchst unterschiedlichem wirtschaftlichem, politischem, sozialem und kulturellem Hintergrund beobachten (vgl. Benko/Dunford 1991; Cheshire/Hay 1989; Gans 1984; Häußermann/Siebel 1987; Henderson/Castells 1987; Cobos 1984).

Daran lassen sich einige Fragen anschließen. Etwa, ob die im weiteren Ballungsraum einer Stadt verteilten dichten strategischen Knotenpunkte eine neue Form der Raumorganisation des »Zentrums« darstellen oder, wie in der traditionellen Forschung behauptet, eine Spielart der Suburbanisierung oder der geographischen Streuung. Insofern diese verschiedenen Knotenpunkte durch das, was ich *Cyberroutes* oder Datenautobahnen nenne, miteinander verbunden sind, können sie als geographisches Korrelat des fortgeschrittensten Typs von »Zentrums« gelten. Alle anderen Orte, die durch dieses neue Raster der Datenautobahnen hindurchfallen, sehen sich an den Rand gedrängt und marginalisiert. Fragt sich nur, ob dies heute in höherem Maße der Fall ist als früher, als die suburbane oder nichtzentrale Wirtschaft dadurch in das Zentrum integriert war, daß sie primär *auf* das Zentrum *ausgerichtet* war.

Eine weitere Frage ist, ob dieses neue Zentrum in sich differenziert ist. Steht das alte Stadtzentrum, das nach wie vor den größten und dichtesten Knotenpunkt bildet, auch strategisch noch an erster Stelle? Übt es auf die Region eine Art Gravitationskraft aus, die dem neuen Raster aus Knotenpunkten und Datenautobahnen Zusammenhalt verleiht und als komplexe räumliche Agglomeration erscheinen läßt? Unter einem transnationalen Blickwinkel stellen sie zentrale Regionen von beträchtlichen Ausmaßen dar. Diese Zentrumsstruktur unterscheidet sich von dem Agglomerationsmuster, das in den meisten Städten, in denen die Funktionen von Global Cities und das damit zusammenhängende neue Akkumulationsregime noch von untergeordneter Bedeutung sind, weiterhin anzutreffen ist. Wir haben es also mit einer Reorganisation der Raum-Zeit-Dimensionen der urbanen Wirtschaft zu tun.

Unter diesen Bedingungen entfaltet das traditionelle Umland der Stadt, das als eine Art Peripherie zu verstehen ist, ihr volles industrielles und strukturelles Wachstumspotential. Die Errichtung von Laden- und Büroflächen führt an der urbanen Peripherie zu einer charakteristischen Form der dezentralisierten Konzentration von Wirtschaftsaktivitäten. Diese geographische Verschiebung hängt eng mit den Standortentscheidungen der transnationalen und nationalen

Unternehmen zusammen, die die urbanen Peripherien zu Wachstumszentren der dynamischsten Wirtschaftszweige machen.[3] Eine Entwicklung, die sich erheblich von der Suburbanisierung durch Wohnbebauung oder Metropolitanisierung unterscheidet.

Die Herausbildung von Global Cities weist in den Vereinigten Staaten und in Teilen Westeuropas charakteristische Strukturunterschiede auf. Das weitläufige Zentrum von New York und Chicago zum Beispiel wurde aufgrund der regelmäßigen Vernachlässigung und des gewollten Verfalls eines Teils der urbanen Infrastruktur viele Male von neuem aufgebaut. Durch diese Vernachlässigung und den schnellen Verschleiß entstehen weite Flächen, auf denen das Zentrum gemäß den Erfordernissen des jeweiligen urbanen Akkumulationsregimes oder der jeweils vorherrschenden räumlichen Organisationsmuster der urbanen Ökonomie immer wieder von neuem erbaut werden kann.

In Europa dagegen werden die Stadtzentren gehegt und gepflegt, so daß es dort nur selten leere Flächen bedeutenden Ausmaßes gibt. Daher müssen die neuen Arbeitsplätze und »intelligenten« Gebäude zwangsläufig außerhalb der alten Zentren errichtet werden. Einen Extremfall bildet hier La Défense, ein riesiger hochmoderner Bürokomplex, der in unmittelbarer Nähe von Paris errichtete wurde, um dem traditionellen Stadtbild keinen Abbruch zu tun. Ein Beispiel für durchgreifende Regierungspolitik und -planung, die das Ziel verfolgt, dem wachsenden Bedarf an zentral gelegenem erstklassigem Büroraum zu entsprechen. Eine andere Variante der Ausdehnung des »Zentrums« in bislang periphere Gebiete können wir an den Londoner Docklands beobachten. Auf diesem weiten, wenig genutzten Hafengebiet wurde ein teurer hochmoderner Komplex in Angriff genommen, um die rasch wachsende Nachfrage nach zentral gelegenen Büroräumen befriedigen zu können. Die Finanz- und Immobilienkrise zu Beginn der neunziger Jahre führte dann zum Zusammenbruch des Projekts. Aber schon 1993 wurde das Projekt unter einem neuen Konsortium wieder aufgenommen, und zahlreiche potentielle

---

3 Gemeint sind hier wiederum Edge Cities, Exopoles und suburbane Büroparks.

Käufer aus aller Welt haben bereits ihr Interesse bekundet. Ähnliche Projekte zur Rezentralisierung peripherer Gebiete wurden in den achtziger Jahren auch in anderen europäischen, amerikanischen und japanischen Städten in Angriff genommen. Was einst nur Vorstadt, Stadtrand oder urbane Peripherie war, hat sich nun zum Schauplatz einer intensiven wirtschaftlichen Entwicklung gemausert.

Schlußbemerkung: Konzentrationsprozesse und die Neubestimmung des Zentrums

In diesem Kapitel haben wir schwerpunktmäßig die räumliche Konzentration der heute führenden Wirtschaftssektoren in den urbanen Zentren untersucht. Wir haben dabei festgestellt, daß diese Konzentrationsprozesse als Folge der Globalisierung der Wirtschaftätigkeit, der massiven Zunahme des Transaktionsvolumens und des revolutionären technologischen Wandels, der die Entfernungen neutralisiert, auftreten.

Zum besseren Verständnis der verschiedenen Aspekte dieser Konzentrationstendenz haben wir exemplarisch drei Städte im Detail untersucht. Miami gab sich dabei als bedeutender regionaler Standort von Global-City-Funktionen zu erkennen. Interessant ist am Fall Miami vor allem, daß die Stadt im Gegensatz etwa zu New York oder London, die als typische Global Cities gelten können, keine lange Geschichte als internationales Banken- und Geschäftszentrum hinter sich hat. An Miami können wir gleichsam unter Laborbedingungen beobachten, wie sich der neue internationale Unternehmenssektor an einem bestimmten Ort etabliert, und damit etwas über die Dynamik der derzeitigen Globalisierungsprozesse und ihre räumliche Einbettung in Erfahrung bringen.

Am Fall Toronto, dessen Finanzviertel erst in den letzten Jahren entstand, wird deutlich, daß der Druck zu höherer Konzentration von einer bestimmten Wirtschaftsdynamik ausgeht und nicht etwa der althergebrachten Bebauungsstruktur geschuldet ist, wie man vermuten könnte, würde man London oder New York als Untersuchungsgegenstand heranziehen. Darüber hinaus zeigt uns Toronto, daß diesem Druck zu räumlicher Konzentration nur bestimmte Wirtschaftszweige, insbesondere der Finanzsektor und die damit verbundenen Branchen, unterliegen.

Am Fall Sydney wiederum läßt sich die Interaktion zwischen einer Wirtschaft von kontinentalen Ausmaßen und dem Druck zu räumlicher Konzentration untersuchen. Anstatt die Multipolarität des australischen Städtesystems zu stärken, trug die Entwicklung der achtziger Jahre – die zunehmende Internationalisierung der australischen Wirtschaft, die drastische Zunahme der ausländischen Investitionen und der umfassende Bedeutungsgewinn des Finanz- und Immobiliengewerbes sowie der unternehmensorientierten Dienstleistungen – dazu bei, daß sich die führenden Wirtschaftssektoren und -subjekte zunehmend in Sydney konzentrieren. Damit einher ging ein entsprechender Bedeutungsverlust der Stadt Melbourne, die lange Zeit ein Zentrum der Wirtschaftstätigkeit und des Reichtums war.

Anschließend haben wir untersucht, ob die Konzentration des Finanzgewerbes in den führenden Finanzzentren der Welt infolge der Globalisierung der Märkte und des immens gewachsenen Transaktionsvolumens zurückgegangen ist. Dabei ergab sich, daß das Konzentrationsniveau trotz des umfassenden Wandels im Finanzgewerbe und in der technologischen Infrastruktur, die diesem zugrunde liegt, unverändert hoch ist.

Was aber gehört in der heutigen Wirtschaft, die sich durch den zunehmenden Einsatz von elektronischen und telekommunikativen Möglichkeiten auszeichnet, eigentlich zum Zentrum? Im abschließenden Abschnitt dieses Kapitels stellten wir die Frage nach dem räumlichen Korrelat des wirtschaftlich definierten Zentrums und kamen zu dem Schluß, daß es zwischen dem Zentrum und den geographischen Einheiten »Innenstadt« oder »zentrales Geschäftsviertel« kein eindeutiges, lineares Entsprechungsverhältnis mehr gibt. Bis vor gar nicht allzu langer Zeit deckte sich das Zentrum mit dem zentral gelegenen Geschäftsviertel einer Stadt. Heute hingegen, so unser Argument, kann das räumliche Korrelat des Zentrums unterschiedliche geographische Formen annehmen. Es kann sich weiterhin mit dem zentralen Geschäftsviertel decken, wie es etwa in New York immer noch weitgehend der Fall ist; es kann sich aber auch – wie in Frankfurt – in Gestalt eines Rasters von Knotenpunkten intensiver Geschäftstätigkeit in den städtischen Großraum erstrecken.

An anderer Stelle habe ich ausgeführt, daß sich vermittelt über die Datenautobahnen und die zunehmende Intensität der wirtschaftlichen Transaktionen eine Art transterritoriales »Zentrum« herauskristallisiert (Sassen 1991). Meine Argumentation ging dahin, daß New York, London und Tokio *mit Blick auf einen spezifischen Komplex von Wirtschaftssektoren und -aktivitäten* als ein solches transterritoriales Zentrum aufgefaßt werden können. Im Extremfall haben wir es gar mit abstrakten Zentren zu tun, die keinerlei territoriale Entsprechung haben und vielmehr einen elektronisch generierten Raum darstellen, genannt Cyberspace. Wie bereits erwähnt, können wir davon ausgehen, daß bestimmte Komponenten des Finanzgewerbes, insbesondere die Devisenmärkte, ihre Geschäfte zum Teil im Cyberspace abwickeln.

Einer der Gründe, warum wir uns hier mit dem Zentrum und seinen räumlichen Entsprechungen beschäftigen, hängt mit unserem Anliegen zusammen, eine besondere Art von Raum – die Stadt – in die Analyse globaler Prozesse einzubeziehen. Dieser Ansatz erlaubt uns auch, die Frage nach der sozialen Ordnung zu stellen, die mit den beschriebenen Veränderungen einhergeht. Davon handelt das nächste Kapitel.

6
Neue Ungleichheiten innerhalb der Städte

Wie wirkt sich der Aufstieg des Finanz- und unternehmensorientierten Dienstleistungsgewerbes auf die allgemeine soziale und wirtschaftliche Struktur der Großstädte aus? Schlägt sich die neue urbane Ökonomie in der Einkommensverteilung einer Stadt nieder? Bekannt ist, daß zu der Zeit, als das produzierende Gewerbe den führenden Wirtschaftssektor bildete, die Bedingungen für die Entstehung einer umfangreichen Mittelschicht gegeben waren. Denn erstens erleichterte die Industrie den Zusammenschluß der Arbeiter in Gewerkschaften, zweitens produzierte sie zu einem gut Teil Konsumgüter, so daß der Lohn einen bedeutenden Nachfragefaktor darstellte, und drittens orientierten sich am Lohnniveau und an den sozialen Errungenschaften der Industriearbeiterschaft auch andere Wirtschaftsbereiche.

Wir möchten in Erfahrung bringen, welchen Platz diejenigen Beschäftigten einnehmen, die nicht die Qualifikationen besitzen, die eine Arbeit in den fortgeschrittenen Wirtschaftssektoren dieser Großstädte erfordert. Sind diese Arbeiter nunmehr überflüssig? Ferner wollen wir untersuchen, welchen Stellenwert in der fortgeschrittenen städtischen Ökonomie diejenigen Firmen und Sektoren haben, die als rückständig erscheinen oder nicht über die hochentwickelte technologische und Humankapitalbasis der neuen führenden Sektoren verfügen. Sind auch sie neuerdings überflüssig? Oder stehen diese Arbeiter, Firmen und Sektoren mit dem ökonomischen Zentrum durchaus in einem Verhältnis, wenn auch auf eine Weise, die durch eine tiefgreifende soziale, wirtschaftliche, ethnische und organisatorische Segmentierung gekennzeichnet ist? Und schließlich wollen wir wissen, inwiefern diese Segmentierung durch das Zusammenspiel von ethnischer Segmentierung auf der einen und Rassismus und Diskriminierung auf der anderen Seite hervorgebracht oder gefestigt wird.

Bemerkenswerterweise sind auf sozialer Ebene ebenso allgemeine Tendenzen zu beobachten wie auf wirtschaftlicher. Neuere Forschungen zeigen, daß die sozioökonomische und räumliche Ungleichheit in den Großstädten der Industrieländer drastisch zunimmt. Man kann diese Forschungsergebnisse sicherlich als bloß quantitative Zunahme der Ungleichheit interpretieren, die insofern also nicht mit der Durchsetzung neuer gesellschaftlicher Formen oder einer Umschichtung der Sozialstruktur zusammenhinge. Man kann sie aber auch als Hinweis auf eine soziale und wirtschaftliche Umstrukturierung und Entstehung neuer gesellschaftlicher Formen interpretieren, als da sind: das Wachstum der informellen Ökonomie in den Großstädten hochentwickelter Industrieländer, die Gentrifizierung bestimmter Stadtviertel und die drastische Zunahme der Obdachlosigkeit in reichen Ländern.

Wir möchten diesen Wandel hier nur in seinen allgemeinen Umrissen beschreiben, denn eine ausführliche Beschreibung müßte die Bedingungen der einzelnen Städte berücksichtigen und würde den Rahmen dieses Buches sprengen. Wenn wir uns zur empirischen Stützung einiger spezifischer Aussagen dabei weitgehend auf Tatsachenmaterial aus den Vereinigten Staaten beschränken, so liegt dies teils daran, daß es über die amerikanischen Verhältnisse detailliertere Untersuchungen gibt, teils daran, daß die hier erörterten Tendenzen in den Vereinigten Staaten schärfer zutage treten.

Im ersten Abschnitt dieses Kapitels erörtern wir die Veränderungen in der Organisation des Arbeitsprozesses insbesondere in den Großstädten. Der zweite Abschnitt beschäftigt sich mit der Einkommensverteilung in einer vom Dienstleistungssektor geprägten Wirtschaft. Dabei wollen wir auch etwas detaillierter auf die informelle Wirtschaft und den Wandel der städtischen Konsumformen eingehen –

zwei zentrale Prozesse, die in die veränderte Einkommensverteilung eingebettet sind.

Veränderungen in der Organisation des Arbeitsprozesses

Die Konsolidierung eines neuen ökonomischen Kerns aus hochqualifizierten Aktivitäten und Dienstleistungen muß im Zusammenhang des allgemeinen Übergangs zur Dienstleistungsgesellschaft und des Bedeutungsverlusts der Industrie betrachtet werden. Neue Wirtschaftssektoren, aber auch die neue Arbeitsorganisation in den alten und neuen Wirtschaftssektoren verändern das Arbeitsplatzangebot. Der Computer kann nun sowohl in der Verwaltung als auch im industriellen Produktionsprozeß eingesetzt werden. Teile des Arbeitsprozesses, die noch vor zehn Jahren in einer Fabrik ausgeführt wurden und als Industriearbeit angesehen wurden, sind heute ersetzt durch eine Kombination Maschine/Arbeiter mit Überwachungs- und Bedienungsfunktion oder Arbeiter/Ingenieur. Die Maschine ist in diesem Fall typischerweise computergestützt; beispielsweise können Tätigkeiten, die früher einen erfahrenen Facharbeiter erforderten, durch CAD (Computer-aided design) ausgeführt werden. Tätigkeiten, die zuvor in einem Einzelhandelsgeschäft vereinigt waren, sind heute aufgeteilt zwischen einer Filiale mit reinen Verkaufsfunktionen und der Unternehmenszentrale. An die Stelle der einst standardisierten Massenproduktion tritt heute zunehmend die flexible Fertigung nach Kundenwünschen, ein Netz aus Zulieferern, die Informalisierung der Arbeit, mitunter auch Ausbeuterbetriebe (*sweat shops*) und industrielle Heimarbeit einschließt. Kurz, die in zahlreichen Großstädten zu beobachtenden Veränderungen im Arbeitsplatzangebot sind ebenso eine Folge der neuen Wirtschaftssektoren wie der Umorganisation der Arbeit in den alten und neuen Sektoren.

Die historischen Formen, die das Wirtschaftswachstum nach dem Zweiten Weltkrieg annahm – insbesondere die kapitalintensive, standardisierte Produktion und das durch die Suburbanisierung verstärkte Wachstum – trugen zur Entstehung einer breiten Mittelschicht bei und reduzierten oder verhinderten systemimmanente Tendenzen zur Ungleichheit durch die Hervorbringung eines wirtschaftlichen Regimes, das wesentlich auf Massenproduktion und Massenkonsum beruhte. (Einen weiteren Beitrag zur Reduktion der Ungleichheit leisteten die damit zusammenhängenden kulturellen Formen, die das Alltagsleben prägten, insofern eine breite Mittelschicht zum Aufschwung des Massenkonsums und also zur Standardisierung der Produktion beiträgt.) Dies wiederum zog einen höheren gewerkschaftlichen Organisierungsgrad der Beschäftigten und andere Formen des Machtzuwachses der Arbeiter nach sich, als eine Folge des zentralen Stellenwerts von Massenproduktion und -konsum im Rahmen wirtschaftlichen Wachstums und Profits. Diese Form des Wirtschaftswachstums trug zusammen mit staatlichen Sozialprogrammen dazu bei, daß die Zahl der Armen in den Vereinigten Staaten und in den meisten anderen Industrieländern zurückging.

In der Nachkriegszeit bis in die späten sechziger beziehungsweise bis Anfang der siebziger Jahre waren in den Industrieländern mehr Beschäftigte denn je zuvor in den regulären Arbeitsmarkt integriert. Die Formalisierung der Arbeitsverhältnisse und die – wenn auch jederzeit rückgängig zu machende – tarifvertragliche und gesetzliche Festschreibung der vielfach hart erkämpften sozialen Errungenschaften stellten für die Arbeiter einen realen Schutz dar. Besonders in Industriezweigen mit einem hohen gewerkschaftlichen Organisierungsgrad beinhaltete die genannte Formalisierung aber auch einen Ausschluß von bestimmten Teilen der Arbeiterschaft.

Die wirtschaftlichen und sozialen Veränderungen seit Mitte der siebziger Jahre nahmen auf den städtischen Arbeitsmärkten spezifische Formen an. Die bedeutendste Ursache dieses Wandels rührt von der Verschiebung im beruflichen und industriellen Beschäftigungsgleichgewicht her, was direkt den Charakter der Arbeitsplätze, das Lohnniveau, die Beschäftigungsstabilität und die Aufstiegsmöglichkeiten der Arbeiter betrifft. Auf der Nachfrageseite äußerten sich diese Entwicklungen in erster Linie dadurch, daß die Arbeitgeber in Reaktion auf den steigenden internationalen Wettbewerbsdruck eine höhere Flexiblität einforderten, daß die Absatzmärkte zunehmend instabil wurden und der politische Wille, den Arbeitsmarkt durch staatliche Programme zu stützen, abnahm. Diese neue Flexibilität bedeutet eine tendenzielle Zunahme von zeitlich befristeter und Teilzeitarbeit. Auf der Angebotsseite war die in vielen Städten über ein Jahrzehnt herrschende hohe Arbeitslosigkeit ein Schlüsselfaktor, der die Verhandlungsposition der Arbeitgeber nachhaltig stärkte und die benachteiligten Gruppen auf dem Arbeitsmarkt in eine zunehmend unsichere Randposition drängte. Wer verzweifelt eine Arbeit sucht, ist gewillt, auch unattraktive Tätigkeiten anzunehmen. Nimmt man diese Entwicklungen auf beiden Seiten des Arbeitsmarkts, die vor allem in Großstädten mit aller Macht zu Tage traten, zusammen, so ergibt sich einerseits eine wachsende Destabilisierung der Beschäftigung durch zunehmende Informalisierung und Prekarisierung der Arbeitsverhältnisse, andererseits eine wachsende Polarisierung der Beschäftigungsmöglichkeiten, die zu neuen sozialen Schichtunterschieden führt.

Außer diesen besonderen Struktureffekten spiegeln die großstädtischen Arbeitsmärkte auch eine Reihe von allgemeineren Hintergrundfaktoren wider. Dazu gehören in erster Linie die schiere Größe und Dichte dieser Märkte, die sektorale und qualifikationsbezogene Zusammensetzung der Beschäftigungsbasis, der allgemeine Stand der Nachfrage nach Arbeitskräften und in vielen Städten auch das Vorhandensein und die Merkmale von Immigrantengruppen. Zwei weitere Faktoren, die die Arbeitsmärkte in Großstädten heute wie vor hundert Jahren beeinflussen, sind die Fluktuation der dortigen Wirtschaftstätigkeit und die Arbeitsmarkterfahrungen der Bevölkerung. Aber genauso wichtig ist die Tatsache, daß der Arbeitsmarkt in den Städten und in ihrem Umkreis durch eine besondere Anordnung von Arbeitsplätzen *strukturiert* ist, welche mit einer bestimmten Zusammensetzung von Lohn, Arbeitssicherheit und Zugangsbedingungen einhergeht (vgl. Gordon/Sassen 1992).

Viele wichtige Branchen bieten auf dem Arbeitsmarkt zunehmend nur noch befristete Arbeitsverhältnisse an. Ob in Gewerbezweigen, die wie die Bekleidungsindustrie und die haushaltsorientierten Dienstleistungen historisch durch die Massenproduktion geprägt waren, oder im heutigen spekulativen Finanzgewerbe – ein bedeutender Teil der betreffenden Unternehmen ist auf wettbewerbsintensiven und vielfach äußerst instabilen Märkten tätig. Entsprechend höher als in Großbetrieben und in bürokratischen Organisationen mit Monopolstellung ist hier die Personalfluktuation. Daß der Personalstand aufgrund des hohen Arbeitskräfteangebots in Städten dem Auf und Ab der betrieblichen Anforderungen mit Leichtigkeit angepaßt werden kann, ist für die besagten Branchen sicherlich ein wichtiger Grund, sich in Städten niederzulassen.

Die hohe Personalfluktuation zeigt aber auch auf der Angebotsseite Wirkung. Für Arbeitsmigranten – insbesondere für Minderheiten, die kaum die Möglichkeit haben, in sichere Arbeitsverhältnisse zu kommen, und für junge alleinstehende Erwerbstätige, die einem sicheren Arbeitsverhältnis unter Umständen weniger Bedeutung beimessen – nimmt die Attraktivität der Stadt dadurch nur noch weiter zu. Die Arbeitgeber wiederum beziehen dieses Arbeitskräfteangebot in ihre strategischen Überlegungen ein. Die strukturelle Komplexität und Unbeständigkeit der städtischen Arbeitsmärkte läßt sich durch die wirtschaftliche Agglomeration und die »natürliche Selektion« bestimmter Tätigkeiten und Beschäftigtengruppen allein nicht erklären. Diese verschiedenen Prozesse kommen in vielen europäischen Städten im raschen Anstieg der Arbeitslosigkeit zum Ausdruck. Europa ist diesbezüglich ein besonders interessanter Fall, weil die arbeitsrechtlichen Schutzbestimmungen hier traditionell umfassender sind als in anderen Ländern.

Das Vorhandensein oder Nichtvorhandensein großer Gruppen von Immigranten auf dem Arbeitsmarkt wirkt sich nicht nur auf das Lohnniveau im unteren Bereich des Arbeitsmarkts, auf die Lebenshaltungskosten und die Wettbewerbsfähigkeit der örtlichen Wirtschaft aus, sondern auch auf die Segmentierung des Arbeitsmarkts und die Aufstiegschancen der einheimischen Bevölkerung. Da sich die neuen Arbeitsmigranten normalerweise im innerstädtischen Bereich konzentrieren, wandeln sich darüber hinaus auch die räumlichen

Muster des Arbeitskräfteangebots. In den Vereinigten Staaten wanderte ein beträchtlicher Teil der weißen Bevölkerung in die äußeren Bereiche der metropolitanen Regionen ab. In den wichtigeren Städten wird die Flucht der Weißen in die Vorstädte seit Mitte der siebziger Jahre durch größtenteils aus der Dritten Welt stammende Immigranten ausgeglichen.

Daß sich Einwanderer und ethnische Bevölkerungsgruppen überwiegend im Zentrum niederlassen, läßt sich auch in anderen Großstädten der Industrieländer beobachten, angefangen vom wohlbekannten Fall London bis hin zum weniger bekannten Fall Tokio. So gab es in Greater London 1991 1,35 Mio. Einwohner – das sind 20 Prozent der Gesamtbevölkerung –, die als ethnische Minderheiten klassifiziert werden. In *Inner London* betrug der Anteil der ethnischen Minderheiten 25,7 Prozent, während er sich in *Outer London* auf 17 Prozent belief. Einige innerstädtische Stadtteile weisen eine extrem hohe Konzentration an ethnischen Bevölkerungsgruppen auf: In Brent beläuft sich dieser Anteil auf rund 45 Prozent, in Newham auf über 42 Prozent und in Tower Hamlets auf über 35 Prozent. Es ist also eine ausgeprägte räumliche Segregation und eine hohe Konzentration ethnischer Minderheiten in innerstädtischen Gebieten festzustellen.

In Tokio waren 1991 250 000 Ausländer gemeldet. Die tatsächliche Zahl liegt allerdings wesentlich höher, da die Statistik die zunehmende illegale Einwanderung nicht erfaßt (vgl. Morita 1993; Sassen 1993). Auch in Tokio konzentrieren sich die Ausländer eher im Zentrum. Genau gesagt, leben dort 85 Prozent der gemeldeten Ausländer. Ein extrem großer Teil davon, vor allem die Migranten aus anderen asiatischen Ländern, konzentriert sich in wenigen kleinen Stadtvierteln im Zentrum. Beträgt der Ausländeranteil im zentralen Bereich von Tokio lediglich 2,3 Prozent, so beläuft er sich im eigentlichen Zentrum auf 5 Prozent. Wie in London befinden sich diese Gebiete in unmittelbarer Nähe des Geschäftsviertels, in dem zahlreiche Finanzinstitute und bedeutende japanische und ausländische Unternehmen ihren Sitz haben (Sassen 1991, Kap. 9). Dabei handelt es sich um das nationale und internationale Finanz- und Geschäftszentrum der japanischen Wirtschaft. Darüber hinaus liegt der Ausländeranteil in manchen Innenstadtbereichen, in denen sich die asiatischen Migranten konzentrieren – darunter auch viele neue Immigranten, die nicht gemeldet sind – noch weit höher. Im Stadtteil Shinjuku, einem großen Einkaufsviertel, in dem sich auch der neue Sitz der Stadtregierung befindet, beträgt der Ausländeranteil in manchen Straßenzügen wie etwa in Kabukicho und Ohkubo 15 bis 20 Prozent (Sonobe 1993). Rund zwei Drittel dieser Ausländer kommen aus Korea und China, eine rasch wachsende Zahl aber auch aus anderen asiatischen Ländern.

Die funktional mit dem derzeitigen Wirtschaftswachstum zusammenhängende Zunahme von schlechtbezahlten Jobs impliziert eine Reorganisation des Verhältnisses zwischen Kapital und Arbeit. Um hier klarer zu sehen, müssen wir zwischen den *Merkmalen* dieser Jobs und ihrer sektoralen Zugehörigkeit unterscheiden. So kann es in hochdynamischen, technologisch fortgeschrittenen Wachstumssektoren durchaus niedrigbezahlte Jobs ohne Aufstiegsmöglichkeiten geben. Des weiteren ist hier die Unterscheidung zwischen den Charakteristiken und dem Wachstumsmuster eines Wirtschaftssektors von entscheidender Bedeutung. Rückständige oder abgewertete Sektoren des produzierenden Gewerbes oder schlechtbezahlte Dienstleistungen können sehr wohl am Wachstum der führenden Bereiche einer hochentwickelten Wirtschaft teilhaben. Vielfach wird angenommen, daß in der Rückständigkeit einer Branche deren Niedergang zum Ausdruck kommt und daß es in den fortgeschrittenen Wirtschaftszweigen wie etwa dem Finanzgewerbe größtenteils nur gutbezahlte Angestelltenjobs gibt, wo doch ein bedeutender Teil der Stellen in diesen Branchen tatsächlich schlecht bezahlt ist, angefangen von den Bürogehilfen bis hin zu den Putzkolonnen.

Wir stellen uns das Finanz- und unternehmensorientierte Dienstleistungsgewerbe tendenziell eher als eine Angelegenheit von Sachkenntnis denn als Produktionsprozeß vor. Hochspezialisierte Dienstleistungen, von der Buchhaltung bis hin zur Anfertigung von Gutachten, werden gewöhnlich nicht in Begriffen des Produktionsprozesses analysiert. Deshalb wurde der ganzen Bandbreite von gut- und schlechtbezahlten Jobs, die in die Produktion dieser Dienstleistungen eingehen, zu wenig Beachtung geschenkt. Tatsächlich erfordert die Ausarbeitung eines neuen Finanzinstruments aber Vorleistungen aus dem Bereich der Rechtsberatung, der Buchhaltung, der Werbung und anderen spezialisierten Dienstleistungen. Hochentwickelte Dienstleistungen profitieren von Agglomerationen und tendieren dazu, einen Produktionskomplex zu bilden (vgl. Kap. 4). Der Produktionsprozeß einer solchen Dienstleistung umschließt aber auch eine Vielfalt von Arbeitern und Unternehmen, die man gewöhnlich nicht zur Informationsökonomie rechnet: Sekretärinnen, Hausmeister und Putzkolonnen, um nur einige zu nennen. Auch diese Tätigkeiten sind Schlüsselkomponenten der Dienstleistungswirtschaft. Wie weit oben eine Stadt in der neuen transnationalen Hierarchie auch stehen mag, es wird in ihr immer eine bedeutende Zahl von schlechtbezahlten Jobs geben, die, mögen sie in ihrer Bedeutung auch verkannt werden, doch einen integralen Bestandteil bilden.

Die Organisation der Industrieproduktion unterliegt einem tiefgreifenden Wandel. Zu denken ist dabei an den Vormarsch der Kleinserienproduktion, an die zunehmende Produktdiversifikation und an die direkte Koppelung des Ausstoßes an die Marktnachfrage. Diese Veränderungen leisten der Auslagerung ganzer Fertigungsstufen in Zulieferbetriebe und der Flexibilisierung der Arbeitsorganisation Vorschub. Die Flexibilisierung der Produktion, die teils recht primitive, teils äußerst moderne Formen annimmt, ist sowohl in rückständigen als auch in hochentwickelten Branchen zu finden und wirkt sich unmittelbar auf den Arbeitsmarkt, auf die Nachfrage nach bestimmten Arbeitskräften und auf die arbeitsvertraglichen Regelungen aus. Anzeichen dieses Wandels sind der Bedeutungsverlust der Industriegewerkschaften, der Verlust verschiedener vertraglicher Schutzbestimmungen und die Zunahme von unfreiwilliger Teilzeitarbeit, zeitlich befristeter Arbeit sowie anderer Formen ungesicherter Arbeitsverhältnisse. Extremformen dieser Entwertung sind Ausbeuterbetriebe und industrielle Heimarbeit.

Dem anhaltenden Entwertungsprozeß sind zum Teil dieselben Industrien unterworfen, die zuvor gewerkschaftlich hochorganisiert waren und wo gutbezahlte Arbeitsplätze vorherrschten – nun sind diese zunehmend durch verschiedene Formen der Produktion und der Organisation des Arbeitsprozesses, wie zum Beispiel industrielle Heimarbeit, geprägt. Zu den neueren Entwicklungen gehören aber auch neue Wirtschaftstätigkeiten, die sich in Abhängigkeit von den wichtigsten Wachstumstrends entwickeln. Vor allem in den Wachstumssektoren bietet sich den Herstellern die Möglichkeit, Alternativen zur durchorganisierten Fabrik zu entwickeln. Die Entstehung eines durch soziale oder technische Veränderungen entwerteten Industriesektors kann als politisch-ökonomische Antwort auf die Notwendigkeit interpretiert werden, die Produktion in einer Situation wachsender Durchschnittslöhne und zunehmender Kampfbereitschaft der Arbeiter, wie in den sechziger und Anfang der siebziger Jahre der Fall, auszuweiten.

Die informelle Ökonomie

Ein gut Teil des entwerteten Industriesektors kann als Beispiel für *Informalisierung* oder als Teil des informellen Sektors gelten. Entgegen der gängigen Annahme, daß es informelle Wirtschaftsbereiche nur in den Städten der Dritten Welt gibt, ist seit neuestem zu beobachten, wie informelle Arbeitsverhältnisse auch in den meisten Großstädten der Industrieländer, von New York und Los Angeles bis nach Paris und Amsterdam, zunehmend an Bedeutung gewinnen (Portes u. a. 1989; Renooy 1984; WIACT 1993).

Zwei Bereiche sind mit Blick auf die Zirkulation der in der informellen Ökonomie produzierten Güter und Dienstleistungen zu unterscheiden. Die interne Sphäre deckt überwiegend den Bedarf der in der informellen Ökonomie tätigen Menschen, wozu zum Beispiel die kleinen Läden im Besitz von Immigranten zählen, in denen vorwiegend Immigranten einkaufen. Die externe Sphäre hingegen ist eng mit dem »formellen« Sektor der Wirtschaft verwoben. In dieser Sphäre stellt die Informalisierung eine unmittelbare Profitmaximierungsstrategie dar, die die Form von Zuliefeverträgen, der Einrich-

144

tung von Sweatshops, der Vergabe von Heimarbeit oder der direkten Abnahme von Gütern und Dienstleistungen annehmen kann. Entwertete Bereiche gibt es nicht nur im produzierenden Gewerbe, sondern auch bei den Dienstleistungen, die für den öffentlichen und privaten Massenkonsum produziert werden. Entsprechend steigt die Bewertung von Dienstleistungen mit individuellem Zuschnitt.

So gibt es in den größeren Städten zahlreiche Tendenzen, die zusammen genommen der Ausweitung des informellen Sektors Vorschub leisten: Erstens, die wachsende Nachfrage seitens der zahlreicher werdenden oberen Einkommensschichten nach kostspieligen, kundenspezifischen Produkten und Dienstleistungen; zweitens, die wachsende Nachfrage seitens der ebenfalls zahlreicher werdenden unteren Einkommensschichten nach billigen Dienstleistungen und Produkten; drittens, die Nachfrage von Unternehmen nach maßgeschneiderten Dienstleistungen und Gütern oder nach Kleinserien, wobei diese Unternehmen entweder als Endverbraucher auftreten oder die nachgefragten Produkte und Dienste als Vorleistungen für ihre eigenen Fertigungsprozesse brauchen (dies ein Grund für die zunehmende Vergabe von Zulieferverträgen); viertens, die zunehmend ungleiche Verhandlungsposition der verschiedenen Unternehmen auf dem Immobilienmarkt in einem Kontext, wo aufgrund des raschen Wachstums und der Agglomeration der führenden Gewerbezweige Gewerbeflächen teurer werden; fünftens, die wachsende Nachfrage verschiedener Firmen und Bevölkerungsgruppen – darunter auch die führenden Gewerbezweige und oberen Einkommensschichten – nach Gütern und Dienstleistungen, die gewöhnlich von Firmen mit geringen Gewinnmargen produziert werden und die daher zunehmend Schwierigkeiten haben, die hohen Mieten und Produktionskosten zu bezahlen und deshalb in den »Untergrund« gehen.

All diese Veränderungen führen in zahlreichen Wirtschaftssektoren zur Ausweitung des informellen Sektors, der im Gegenzug als Mechanismus erscheint, mit dem sich Kosten reduzieren lassen – selbst wenn dies für manche Unternehmen und Haushalte nicht überlebensnotwendig ist – und mit dem man dort, wo es wesentlich oder vorteilhaft erscheint, die nötige Flexibilität erreichen kann.

Die Einkommensverteilung in einer von Dienstleistungen geprägten Wirtschaft

Als nächstes wollen wir untersuchen, wie sich die beschriebenen Verschiebungen und Umschichtungen auf die Einkommensverteilung und -struktur in einer von Dienstleistungen geprägten Wirtschaft auswirken. Zahlreiche Analysen der Beschäftigungsstruktur und der Einkommensverteilung im Dienstleistungsgewerbe zeigen, daß der Anteil von schlechtbezahlten Jobs hier höher liegt als im produzierenden Gewerbe, obwohl die Tendenz auch in letzterem steigend ist. Daneben gibt es in manchen führenden Dienstleistungsbereichen einen hohen Anteil an Arbeitsplätzen der obersten Einkommensstufe (Goldsmith/Blakely 1992; Harrison/Bluestone 1988; Nelson/Lorence 1985; Sheets u. a. 1987; Silver 1984; Stanback/Noyelle 1982).

Ein Großteil der Forschung unterstreicht, daß das produzierende Gewerbe hinsichtlich der Reduzierung der Einkommensunterschiede in den fünfziger und sechziger Jahren eine bedeutende Rolle spielte (Blumberg 1981; Stanback u. a. 1981). Dies wird im wesentlichen auf die höhere Produktivität und den höheren gewerkschaftlichen Organisierungsgrad in der Industrie zurückgeführt. Wie gesagt, beziehen sich diese Untersuchungen hauptsächlich auf die fünfziger und sechziger Jahre, als der genannte Zusammenhang durchaus zutraf, aber seither hat die Arbeitsorganisation in der Industrie einen tiefgreifenden Wandel durchgemacht. Die diesbezüglich detaillierteste Analyse der Beschäftigungs- und Industriestatistiken von Harrison und Bluestone (1988) zeigt, daß das Einkommensniveau in zahlreichen Branchen und Berufen des produzierenden Gewerbes gesunken ist. Glickman und Glasmeier (1989) haben herausgefunden, daß es im produzierenden Gewerbe des amerikanischen *Sunbelt* überwiegend schlechtbezahlte Jobs gibt, und nach Fernandez-Kelly und Sassen (1992) weist die Zahl der Sweatshops und Heimarbeitsplätze in mehreren Gewerbezweigen in New York und Los Angeles eine steigende Tendenz auf.

Eine beträchtliche Forschungsliteratur mit ausgesprochen theoretischem Einschlag vertritt die Auffassung, daß der Bedeutungsverlust der Massenproduktion und die nunmehr führende Rolle des Dienstleistungssektors zum Ende einer ganzen Reihe von Arrangements geführt hat. In der Nachkriegszeit funktionierte die Wirtschaft so, daß der Nutzen, den die Schlüsselindustrien erbrachten, auch auf eher randständige Wirtschaftsbereiche ausstrahlte. Der Nutzen von Preis- und Marktstabilität sowie von Produktivitätszuwächsen konnte an zweitrangige Firmen, etwa an die Zulieferindustrie und Subunternehmen, aber auch an nicht unmittelbar verbundene Industrien weitergegeben werden. Zwar gab es immer noch viele Firmen und Arbeiter, die nicht von diesem Effekt profitierten, aber ihre Zahl war wohl nie so gering wie in der Nachkriegszeit. Zu Beginn der achtziger Jahre war die mit Blick auf das allgemeine Lohnniveau vormals gegebene Pilotfunktion der führenden Industriezweige bereits stark angegriffen und auch in anderen Bereichen wollte sich der beschriebene Ausstrahlungseffekt nicht mehr so recht einstellen.

Wie sich der Aufstieg des Dienstleistungsgewerbes auf die städtische Einkommensstruktur auswirkt, darüber gibt es in den meisten Ländern erst sehr wenige detaillierte Untersuchungen. Eine Ausnahme bilden hier die Vereinigten Staaten (vgl. Fainstein u. a. 1986; Nelson/Lorence 1985; Ross/Trachte 1983; Sheets u. a. 1987; Silver 1984; Stanback/Noyelle 1982). Wie Sheets, Nord und Phelps (1987) herausfanden, trugen verschiedene Dienstleistungsgewerbe zwischen 1970 und 1980 entscheidend zur Zunahme von »Unterbeschäftigung« (underemployment) bei, worunter die Autoren Tätigkeiten verstehen, die in den 199 größten Ballungsgebieten unter der Armutsgrenze entlohnt werden. Der stärkste Effekt ging in dieser Hinsicht von den unternehmensorientierten Dienstleistungen und dem Einzelhandel aus. Der höchste relative Beitrag kam aus dem Bereich der von den Verfassern so genannten »corporate services« – Dienstleistungen aus dem Finanz-, Versicherungs- und Immobiliengewerbe, sonstige private Dienstleistungen, Rechtsberatung, Unternehmens- und Berufsverbände, Dienstleistungen von Freiberuflern. Hier ging ein einprozentiges Beschäftigungswachstum mit einer Zunahme der schlechtbezahlten Vollzeitjobs von 0,37 Prozent einher. Im Großhandel, Transport und Verkehr betrug dieses respektive Wachstum 0,32 Prozent, wohingegen es sich bei den haushaltsorientierten Dienstleistungen nur auf 0,13 Prozent belief, die Zunahme von schlechtbezahlten Teilzeitjobs hier prozentual allerdings höher lag. Der Einzelhandel verzeichnete mit 0,88 Prozent, wie gesagt, die höchste relative Zunahme von schlechtbezahlten Vollzeitjobs.

Wie sieht es aber mit den gutbezahlten Jobs im Dienstleistungsgewerbe aus? Nelson und Lorence (1985) untersuchten diese Frage unter Zugrundelegung von statistischem Material über die 125 größten städtischen Gebiete. Um zu ergründen, warum das Einkommen von Männern in Metropolen mit einem hohen Anteil von Beschäftigungsverhältnissen im Dienstleistungssektor stärker differiert, untersuchten sie den Abstand der männlichen Verdiener mit mittlerem Einkommen zu den 5 Prozent mit dem geringsten Einkommen und zu den 5 Prozent mit dem höchsten Einkommen. Insgesamt erwies sich die Ungleichheit in allein 125 städtischen Gebieten als Resultat von größeren Einkommensunterschieden zwischen höchsten und mittleren Verdienern als zwischen mittleren und niedrigsten Verdienern (Nelson/Lorence 1985: 115). Als weiteres Ergebnis dieser Untersuchung bleibt festzuhalten, daß der stärkste Effekt von den unternehmensorientierten Dienstleistungen herrührte und der nächststärkste Bereich weit abgeschlagen folgt (1970 waren das die Sozialdienstleistungen, 1980 die haushaltsorientierten Dienstleistungen).

Daß die Ungleichheit andauern wird, kann man auch aus den Voraussagen über die Bildungserfordernisse ersehen. In den Vereinigten Staaten erforderten 1988 17 Prozent der Arbeitsplätze weniger als einen High-School-Abschluß und mehr als 40 Prozent erforderten nur einen High-School-Abschluß. Nur für 22 Prozent aller Arbeitsplätze brauchte man mindestens einen College-Abschluß. Bis zum Jahr 2000 wird sich an dieser Verteilung wenig ändern. Dann, so die Voraussagen, werden 16,5 Prozent der Arbeitsplätze weniger als einen High-School-Abschluß erfordern und nur 22,9 Prozent zumindest einen College-Abschluß. Das heißt, daß man im Jahr 2000 für über die Hälfte aller Arbeitsmöglichkeiten nur einen High-School-Abschluß oder weniger benötigt. Mit Blick auf den Nettozuwachs an Arbeitsplätzen kommt es aber durchaus zu einer merklichen Veränderung in der Verteilung: Hier erfordern nur 13 Prozent aller Arbeitsplätze weniger als einen High-School-Abschluß, während man für nahezu 30 Prozent zumindest einen College-Abschluß braucht (Bailey 1990). Die Zunahme von schlechtbezahlten Dienstleistungs-Jobs in den Großstädten und die Entwertung zahlreicher Tätigkeiten im produzierenden Gewerbe legen es nahe, daß man für ein gut Teil der Jobs in Städten nur einen High-School-Abschluß oder weniger brauchen wird.

Mit spezifischen Abwandlungen sind diese Trends in allen Industrieländern zu beobachten (Brosnan/Wilkinson 1987; Cheshire/Hay 1989; Mingione 1991). Von Interesse ist hier Japan, obwohl oder gerade weil der Zuwachs an unsicheren Arbeitsverhältnissen in diesem Land kaum bekannt ist. Wir wollen daher im folgenden kurz die Zunahme von Arbeitsverhältnissen im Dienstleistungsgewerbe in Japan beschreiben.

Die Zunahme niedrigbezahlter Jobs in Japan

Auch in Japan ist ein beträchtlicher Zuwachs an niedrigbezahlten Dienstleistungs-Jobs, die zunehmende Ersetzung von Vollzeit-Arbeitern durch Teilzeit-Arbeiterinnen und eine zunehmende Auslagerung ganzer Fertigungsstufen an Subunternehmer zu verzeichnen, wodurch sich die Stellung der Beschäftigten gegenüber ihren Arbeitgebern verschlechtert hat. Über die Hälfte aller neuen Arbeitsplätze, die in den achtziger Jahren in Tokio entstanden, waren Teilzeitjobs oder beruhten auf Zeitverträgen.

Aber es gibt noch andere Anzeichen, die auf einen strukturellen Wandel in Japan in den achtziger Jahren hinweisen. Seit Mitte der achtziger Jahre sind die realen Durchschnittslöhne in Japan rückläufig, während das produzierende Gewerbe bei den Lohnverhandlungen gleichzeitig seine Pilotfunktion verlor. Darüber hinaus liegen die

Durchschnittslöhne in den wachsenden Dienstleistungsbereichen bis auf wenige Ausnahmen weit unter dem Niveau von Industrie, Transport und Verkehr. Die niedrigsten Durchschnittslöhne sind im Hotel- und Gaststättengewerbe, im Gesundheitswesen und im Einzelhandel zu verzeichnen. In vielen Wachstumssektoren werden entweder unterdurchschnittlich niedrige oder aber überdurchschnittlich hohe Löhne gezahlt – so etwa im Finanz-, Versicherungs- und Immobiliengewerbe. Ganz allgemein zeigt Tokio dieselben Trends, die wir schon in vielen westlichen Städten am Werk sahen (eine ausführliche Erörterung dazu findet sich in Sassen 1991, Kap. 8 u. 9).

Wie aus der japanischen Arbeitsmarktstatistik deutlich wird, stieg der Anteil der Teilzeitbeschäftigten von weniger als 7 Prozent im Jahr 1970 auf 12 Prozent oder 5 Mio. Beschäftigte im Jahr 1987. Bei den Frauen verdoppelte sich dieser Anteil von 12 Prozent 1970 und 22 Prozent 1985 auf über 23 Prozent oder rund 3,65 Mio. Teilzeitbeschäftigte im Jahr 1987.[1] Nahezu 24 Prozent der weiblichen Teilzeitkräfte sind im produzierenden Gewerbe beschäftigt, ein Hinweis auf die wachsende Zahl unsicherer Arbeitsverhältnisse in diesem Sektor.

Gegen Ende der achtziger Jahre beschäftigten 58 Prozent aller erfaßten Unternehmen Teilzeitkräfte. Nach der Definition des japanischen Arbeitsministeriums ist Teilzeitarbeit dadurch bestimmt, daß die wöchentliche Arbeitszeit »substantiell kürzer ist als die der regulär Beschäftigten«. Unter Teilzeitarbeit wird jede reguläre Beschäftigung mit einer wöchentlichen Arbeitszeit von unter 35 Stunden verstanden. Nicht berücksichtigt sind in dieser Definition die Saisonarbeit und zeitlich befristete Arbeit, so daß die tatsächliche Zahl der Stellen, die keine feste Vollzeitbeschäftigung bieten, noch viel höher liegt. Wesentliches Merkmal der Saison-, Zeit- und Teilzeitarbeit ist, daß die Beschäftigten auf bestimmte Leistungen und Ver-

---

1 In diesen Angaben sind die Beschäftigten in der Land- und Forstwirtschaft nicht berücksichtigt. Von den 3,6 Mio. weiblichen Teilzeitkräften waren 0,8 Mio. im produzierenden Gewerbe, 1,3 Mio. im Groß- und Einzelhandel, 170 000 im Finanz-, Versicherungs- und Immobiliengewerbe und nahezu 1 Mio. in anderen Dienstleistungssektoren beschäftigt (vgl. Sassen 1991).

günstigungen keinen Anspruch haben oder daß sie, um in der hier verwendeten Terminologie zu sprechen, in einem unsicheren Arbeitsverhältnis stehen.

Ebenfalls von Interesse ist die Lage der Heimarbeiter, deren Zahl in allen Industrieländern zunimmt. Nach der amtlichen Statistik nahm die Zahl der registrierten Heimarbeiter in Japan im Laufe der letzten zehn Jahre jedoch ständig ab. 1987 gab es über eine Million Heimarbeiter, größtenteils Frauen (Japanisches Arbeitsministerium 1987). Der größte Teil der Heimarbeit entfällt mit 34 Prozent auf die Bekleidungsindustrie, gefolgt von der Elektro- und Elektronikindustrie (einschließlich der Montage von elektronischen Bauteilen) mit 18,6 Prozent und der Textilindustrie mit 16 Prozent. Der Rest der Heimarbeiter ist in einer Reihe anderer Wirtschaftszweige beschäftigt, angefangen von der Spielzeugherstellung über Lackwaren bis hin zum Druckgewerbe. Es ist sehr gut möglich, daß die bestehenden arbeitsrechtlichen Schutzbestimmungen und Leistungen, auf die Heimarbeiter Anspruch haben, zunehmend unterlaufen werden. Denn während die amtliche Statistik einen Rückgang verzeichnet, nimmt die Zahl der Heimarbeiter in Wirklichkeit eher zu. Daß es wahrscheinlich immer mehr Heimarbeiter gibt, die nicht in den Genuß der arbeitsrechtlichen Bestimmungen kommen, wird an folgenden Überlegungen deutlich (vgl. Sassen 1991, Kap. 9).

Die Zunahme an niedrigbezahlten und Teilzeitjobs erleichtert die Beschäftigung von illegalen Einwanderern. In Japan, wo die legale wie die illegale Einwanderung anders als in den Vereinigten Staaten keine Tradition hat, nimmt die illegale Einwanderung aus verschiedenen asiatischen Staaten seit kurzem immer mehr zu. Wie Morita (1992) anhand der Statistiken des Justizministeriums zeigt, waren über 80 Prozent der illegal eingewanderten Männer, die zwischen 1987 und 1990 aufgegriffen wurden, im Bau- oder im produzierenden Gewerbe beschäftigt. Da die Papiere von Einwanderern auf dem Bau und in der Fabrik aber leichter überprüft werden können als in den kleinen Dienstleistungsunternehmen im Zentrum von Tokio oder Osaka, gibt diese Zahl die tatsächliche Beschäftigungsstruktur der illegalen Einwanderer wohl kaum angemessen wieder. Immerhin wissen wir nun aber, daß in Fabriken auch illegale Einwanderer beschäftigt werden.

Nach einer Untersuchung über die Beschäftigung von illegalen Einwanderern, die von der Abteilung für Einwanderungsfragen des Justizministeriums in den wichtigsten städtischen Gebieten durchgeführt wurde, finden die illegalen Immigranten in einer ganzen Reihe von Industriezweigen Beschäftigung, in der Metall- und Kunststoffverarbeitung ebenso wie im Druckgewerbe, in der Buchbinderei, in der Lackiererei und in zahlreichen anderen Bereichen. Seit kurzem werden bei Ausweiskontrollen im metall- und kunststoffverarbeitenden Gewerbe sowie in Zulieferbetrieben der Automobilindustrie zunehmend auch Frauen festgenommen (Morita 1990). Die meisten illegalen Einwanderer sind in Klein- und Mittelbetrieben beschäftigt. Die Angaben für das Jahr 1991 weisen darauf hin, daß sich diese Trends fortsetzen. Danach sind fast die Hälfte aller aufgegriffenen illegalen Einwanderer auf dem Bau beschäftigt, während 14 Prozent im produzierenden Gewerbe und im Einzelhandel, ein beträchtlicher Teil auch als Tellerwäscher oder ähnliches in Restaurants eine Arbeit fanden.

Schätzungen über die Zunahme der illegalen Einwanderer, die einer unqualifizierten Tätigkeit nachgehen, gehen zwar weit auseinander, über den wachsenden Bedarf aber besteht Einigkeit. Nach Schätzungen des Arbeitsministeriums werden gegen Ende dieses Jahrzehnts rund eine halbe Million Arbeitskräfte fehlen. Japans mächtigster Unternehmensverband Keidaren schätzt den zukünftigen Mangel an Arbeitskräften gar auf 5 Mio., während verschiedene Arbeitsmarktforscher von 1 bis 2 Mio. ausgehen. Die größte Knappheit herrscht derzeit in den Klein- und Mittelbetrieben des produzierenden Gewerbes. Fast alle Analysen gehen aber davon aus, daß in Zukunft auch im Dienstleistungsgewerbe Arbeitskräfte fehlen werden. In dem Maß, wie die derzeit in niedrigbezahlten Dienstleistungsjobs beschäftigten Japaner in Rente gehen und die jüngere hochqualifizierte Generation diese Jobs ablehnt, wird die Akzeptanz von Arbeitsimmigranten wohl schrittweise zunehmen. Später zwar als in den meisten anderen Industrieländern nimmt die Nachfrage nach niedrigbezahlten, unqualifizierten Arbeitnehmern auch in Japan zu, während die jüngeren Japaner diese Stellen zurückweisen.

Die Restrukturierung der städtischen Konsumformen

Das rasche Wachstum von Wirtschaftszweigen mit einer hohen Konzentration an hoch- und schlechtbezahlten Arbeitsplätzen führt zu spezifischen Konsumformen, was wiederum auf die Arbeitsorganisation und die Art neugeschaffener Arbeitsplätze zurückwirkt. In den Vereinigten Staaten führte die Zunahme hochbezahlter Stellen in Verbindung mit der Entstehung neuer kultureller Formen zur Herausbildung von ausschließlich diesen oberen Einkommensschichten vorbehaltenen Wohn- und Einkaufsvierteln, die letztendlich auf der Verfügbarkeit einer zahlreichen Klasse schlechtbezahlter Arbeiter und Arbeiterinnen beruhen. Wie ich an anderer Stelle ausführlich dargelegt habe, ist diese *Gentrification* durch die oberen Einkommensschichten äußerst arbeitsintensiv, ganz im Gegensatz zu den Vorstädten der Mittelschichten, die einen kapitalintensiven Hintergrund haben: Eigenheimbau, Bau von Straßen und Autobahnen, Abhängigkeit vom Auto oder öffentlichen Pendelverkehr, Gebrauch von Haushaltsgeräten aller Art sowie großflächige Einkaufszentren und Supermärkte. Direkt oder indirekt wird bei der Gentrification durch die oberen Einkommensschichten ein gut Teil dieses Kapitals durch lebendige Arbeitskraft ersetzt. Ähnlich sind die Gutverdienenden auch in Städten weit mehr auf diverse Serviceleistungen angewiesen als ein Mittelschichthaushalt in der Vorstadt, der diese Leistungen unter Einsatz von Maschinen in Eigenarbeit erbringt.

Weniger ausgeprägt zwar als in den Großstädten der Vereinigten Staaten, sind diese Muster auch in vielen westeuropäischen Städten und bis zu einem gewissen Grad auch in Tokio zu beobachten. So hat sich die Berufsstruktur der Einwohner von Zentral-Tokio beträchtlich gewandelt. Ähnlich wie in anderen Großstädten nimmt auch hier die Zahl der hoch- und niedrigbezahlten Beschäftigten tendenziell zu. Nach Sonobe (1993) wuchs der Anteil der hochbezahlten Fachkräfte zwischen 1975 und 1985 von 20 auf 23 Prozent, und wir wissen – obwohl die statistische Erfassung hier Schwierigkeiten bereitet –, daß auch die Zahl der niedrigbezahlten legalen und illegalen Einwanderer zunahm und weiterhin drastisch zunimmt. Dagegen ist die Zahl der Mittelschichtsangehörigen rückläufig. So fiel der Anteil der Facharbeiter im gleichen Zeitraum von 16 auf 12 Prozent. Dieses Muster wiederholt sich auch in anderen Stadtteilen von Tokio (Sonobe 1993). Während die Gesamtzahl der in Tokio wohnenden Beschäftigten 1975 wie 1985 unverändert bei 4,3 Mio. lag, war bei den hochqualifizierten und leitenden Tätigkeiten in der zweiten Hälfte der achtziger Jahre ein drastischer Zuwachs zu verzeichnen, was zu einer weiteren Verstärkung der beschriebenen Tendenzen führen kann.

Die Zunahme der einkommensstarken Beschäftigten, mögen sie nun in der Stadt selbst wohnen oder jeden Tag einpendeln, führte zu organisatorischen Veränderungen in der Produktion und im Vertrieb von Konsumgütern und haushaltsorientierten Dienstleistungen. Den Delikatessen- und Spezialitätengeschäften liegt eine ganz andere Arbeitsorganisation zugrunde als den großen standardisierten Supermärkten und Kaufhäusern. Dies gilt sowohl für die Phase der Herstellung als auch für die des Verkaufs (Gershuny/Miles 1983; Sassen-Koob 1984). Die Gentrification durch die oberen Einkommensschichten schafft Nachfrage nach Gütern und Dienstleistungen, die weder in der Masse produziert noch massenhaft abgesetzt werden. Die Produktion nach Kundenwünschen, die Kleinserienproduktion, die Herstellung von Gebrauchsartikeln des gehobenen Bedarfs und die Zubereitung ausgesuchter Delikatessen, ist im allgemeinen ausgesprochen arbeitsintensiv, und die Produkte werden in kleinen Geschäften mit umfassender Kundenbetreuung zum Verkauf angeboten. Die Vergabe eines Teils des Produktionsprozesses an kostengünstige Kleinbetriebe, Sweatshops und Heimarbeiter ist dabei weitverbreitet. Insgesamt unterscheiden sich das Stellenangebot und die Art der Betriebe, die mit der Produktion und dem Vertrieb dieser Waren zusammenhängen, deutlich von denen der Supermärkte und großen Kaufhäuser. Hier herrscht Massenproduktion vor, große standardisiert produzierende Fabriken, die vom Verkaufsort weit entfernt liegen, sind die Regel. Dagegen sind bei der Produktion nach Kundenwünschen geringe Entfernungen zwischen Herstellungs- und Verkaufsort von großer Bedeutung. Massenproduktion und -vertrieb wiederum erleichtern die gewerkschaftliche Organisierung (vgl. Sayer/ Walker 1992).

Die beschriebenen Veränderungen in Produktion und Vertrieb sind ein Ergebnis der außerordentlichen Ausweitung einer Schicht von gutverdienenden und zahlungskräftigen Beschäftigten. Zwar gab es in allen Großstädten schon immer einen Kern wohlhabender Bewohner und Pendler. Diese allein aber hätten in der Stadt keineswegs zur umfangreichen Gentrification von Wohn- und Einkaufsviertel geführt. Denn als Schicht sind die neuen hochbezahlten Beschäftigten von der traditionellen Oberschicht zu unterscheiden, verfügen sie im allgemeinen doch nicht über genügend Einkommen, um als nennenswerte Investoren auftreten zu können. Zur Schaffung einer beträchtlichen Nachfrage nach teuren Gütern und Dienstleistungen – einer genügend hohen Nachfrage, um die wirtschaftliche Überlebensfähigkeit der Produzenten und Anbieter solcher Güter und Dienstleistungen zu gewährleisten –, ist es aber ausreichend. Darüber hinaus ist die Höhe des verfügbaren Einkommens auch eine Funktion des Lebensstils und von demographischen Mustern, etwa bei Haushalten mit Doppelverdienern oder wenn Kinderwünsche auf später verschoben werden.

Die Ausweitung der einkommensschwachen Bevölkerung trug ebenfalls zur rapiden Zunahme von kleinen Unternehmungen und zur Abnahme der Bedeutung der standardisierten Massenproduktion und der großen Einkaufsketten für Billigprodukte bei. Die Konsumbedürfnisse dieser Gruppe werden zu einem guten Teil von kleinen Gewerbebetrieben und Einzelhandelsgeschäften befriedigt, die auf Familienarbeit basieren und oftmals unter die Mindestsicherheits- und Gesundheitsvorschriften fallen. In den Sweatshops vor Ort hergestellte Kleidungsstücke zum Beispiel können auch mit asiatischen Billigimporten konkurrieren. So gibt es eine wachsende Zahl von Produkten und Dienstleistungen – angefangen von Billigmöbeln, die in irgendeinem Hinterhof hergestellt werden, bis hin zu »gypsy cabs« und Kindertagesstätten –, die auf den Bedarf der wachsenden einkommensschwachen Bevölkerung zugeschnitten sind (vgl. Renooy 1984).

An zahllosen Beispielen ließe sich veranschaulichen, wie die zunehmende Ungleichheit im Einkommen die Konsumstruktur verändert und wie dieser Wandel auf die Arbeitsorganisation zurückwirkt. Da gibt es auf der einen Seite einen speziellen Taxi-Verbund für die Wall Street, der ausschließlich das Finanzviertel bedient, während auf der anderen Seite in einkommensschwachen Stadtteilen, die von den regulären Taxi-Unternehmen nicht mehr angefahren werden, immer mehr »gypsy cabs« auftauchen; da werden in den gentrifizierten Vierteln Holzarbeiten nach Kundenwünschen gefertigt, während in den Armenvierteln billige Handwerker ihre Dienste anbieten; und da gibt es immer mehr Heimarbeit und Sweatshops, die entweder äußerst kostspielige Designer-Stücke oder ausgesprochene Billigartikel herstellen.

Schlußbemerkung: Die Kluft wird tiefer

Die Entwicklung in Städten kann nicht losgelöst von den grundlegenden Veränderungen in der allgemeinen Organisation der hochentwickelten Volkswirtschaften verstanden werden. Die ineinandergreifenden wirtschaftlichen, politischen und technischen Kräfte, die die Massenproduktion ihrer Bedeutung als zentraler ökonomischer Triebkraft beraubten, führten zum Niedergang einer Reihe von institutionellen Rahmenbedingungen, die für die Arbeitsbeziehungen prägend waren. Die Dienstleistungsindustrien, die die Wirtschaftsentwicklung in den achtziger und neunziger Jahren maßgebend bestimmen, zeichnen sich durch größere Einkommens- und Beschäftigungsunterschiede, schwache Gewerkschaften, einen wachsenden Anteil unsicherer Beschäftigungsverhältnisse am unteren Ende der Einkommensskala und einen steigenden Prozentsatz hochbezahlter

Tätigkeiten aus. Entsprechend anders gestalten sich die die Arbeitsbeziehungen prägenden institutionellen Rahmenbedingungen. Diese neuen Rahmenbedingungen führen zu Veränderungen in der gesellschaftlichen Reproduktions- und Konsumsphäre, die wiederum auf die wirtschaftliche Organisation und Einkommensverteilung zurückwirken. Trug dieser Rückkoppelungseffekt in einer früheren Phase zur Reproduktion der Mittelschicht bei, so reproduziert er derzeit wachsende Einkommensunterschiede, unsichere Arbeitsverhältnisse und eine veränderte Konsumstruktur.

Diese Trends sind in allen Großstädten zu beobachten und treten hier vielfach stärker zu Tage als in mittleren Städten – ein Unterschied, für den es mindestens drei Gründe gibt. An erster Stelle ist die dortige Konzentration der wichtigsten Wachstumssektoren zu nennen, in denen entweder große Einkommensunterschiede herrschen oder eine unverhältnismäßig große Zahl von entweder niedrig- oder gutbezahlten Tätigkeiten die Regel sind. Zweitens, eine wachsende Zahl von kleinen, kostengünstig arbeitenden Dienstleistungsbetrieben, die aufgrund der hohen Bevölkerungskonzentration, der zahlreichen Pendler und der Touristen, die Tag für Tag in die Stadt kommen, wirtschaftlich überlebensfähig sind. Im Verhältnis zur Größe der Bevölkerung gibt es in Großstädten wahrscheinlich wesentlich mehr solche Kleinbetriebe als in Städten von durchschnittlicher Größe. Die hohe Bevölkerungskonzentration in Großstädten führt dazu, daß immer wieder neue Betriebe dieser Art gegründet werden, die aber mit einer hohen Konkurrenz und geringen Gewinnmargen zu kämpfen haben. Entscheidend für ihre wirtschaftliche Überlebensfähigkeit sind dabei die Arbeitskosten, und daher ist der Anteil der niedrigbezahlten Tätigkeiten in diesem Sektor außerordentlich hoch. Deshalb und aufgrund weiterer Nachfragekomponenten – dies der dritte Grund – haben das entwertete produzierende Gewerbe und die informelle Ökonomie in Großstädten wie New York oder Los Angeles ein relativ größeres Gewicht als in Städten von durchschnittlicher Größe.

Insgesamt kommt es dadurch tendenziell zu einer weiter zunehmenden wirtschaftlichen Polarisierung. Wenn wir hier mit Blick auf

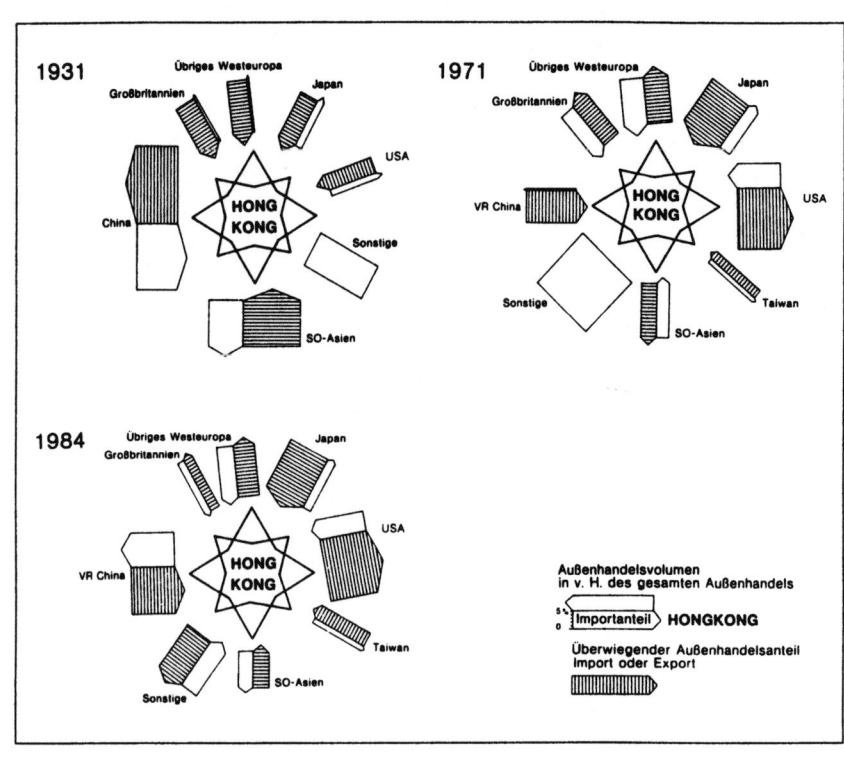

Hongkongs Außenhandel: Importe, Exporte, Reexporte (Kistler 1990: 140)

die Grundstücksnutzung, die Organisation der Arbeitsmärkte, den Wohnungsmarkt und die Konsumstruktur von Polarisierung sprechen, so meinen wir damit nicht unbedingt, daß die Mittelschicht langsam verschwindet. Gemeint ist vielmehr, daß die nunmehr vorherrschende Wachstumsdynamik zunehmend mehr Ungleichhheit produziert und nicht mehr, wie in den Vereinigten Staaten und in Großbritannien während der beiden Nachkriegsjahrzehnte und in Japan bis in die siebziger Jahre hinein, zur Ausweitung der Mittelschicht führt. Noch immer aber bildet die Mittelschicht in vielen Großstädten einen bedeutenden Teil der Bevölkerung und also ein Medium, in dem Einkommen und Lebensstil zu einer bestimmten sozialen Form gerinnen.

Die Mittelschicht ist in den Vereinigten Staaten eine vielfältig zusammengesetzte Gruppe. Zu ihr gehören nicht nur Leute, die seit Generationen in Amerika ansässig sind, sondern auch die wohlhabenden Angehörigen verschiedener ethnischer Bevölkerungsgruppen. Seit den achtziger Jahren aber können wir beobachten, wie bestimmte Teile der Mittelschicht immer reicher werden, während andere in Armut versinken. Die Aufstiegs- und Abstiegsmobilität der Mittelschicht ist neuerdings ausgeprägter als in früherer Zeit. Zwar bildet die Mittelschicht immer noch das Gros der Bevölkerung, aber – dies unsere These – die Bedingungen, die einst zu ihrer Ausweitung und zunehmenden wirtschaftlich-politischen Macht führten – der zentrale Stellenwert der Massenproduktion und des Massenkonsums für Wirtschaftswachstum und Gewinnrealisierung – sind nicht mehr gegeben, da sich das wirtschaftliche Wachstum nunmehr aus anderen Quellen speist. Und dies bedeutet nicht nur eine quantitative Veränderung, sondern die Herausbildung von Elementen eines neuen wirtschaftlichen Regimes.

Die wachsende Beschäftigung im Dienstleistungssektor der Städte und die damit einhergehende Zunahme von Ungleichheit wirft die Frage auf, wie grundlegend der mit dieser Verlagerung zusammenhängende Wandel ist – eine Frage, die sich vor allem auf die Natur einer auf dem Dienstleistungssektor beruhenden urbanen Ökonomie bezieht. Die beobachteten Veränderungen in der Beschäftigungs-

und Einkommensstruktur resultieren nicht einfach aus einer Verschiebung im Gewicht der einzelnen Wirtschaftszweige, sondern auch aus Veränderungen in der Organisation der Unternehmen und der Arbeitsmärkte. Eine detaillierte Analyse der auf dem Dienstleistungssektor beruhenden urbanen Ökonomien zeigt, daß zahlreiche Firmen, Sektoren und Beschäftigte, die mit der vom Finanz- und spezialisierten Dienstleistungsgewerbe beherrschten urbanen Ökonomie vorderhand in keinerlei Verbindung stehen, in Wirklichkeit eine Reihe von Funktionen erfüllen, die integraler Bestandteil dieser Ökonomie sind, auch wenn dieser Zusammenhang durch eine ausgeprägte soziale, einkommensbezogene und vielfach auch ethnische Segmentierung strukturiert ist.

7

Eine neue Geographie von Zentrum und Rand

Drei wichtige Entwicklungen der letzten zwanzig Jahre liegen der hier vorgestellten Analyse der Städte in der Weltwirtschaft zugrunde. Sie können in folgenden drei Thesen, die den vorhergehenden Kapiteln als Leitfaden dienten, zusammengefaßt werden.

1. *Die territoriale Streuung der wirtschaftlichen Unternehmungen, wovon die Gobalisierung eine Form darstellt, fördert das Wachstum zentralisierter Funktionen und Abläufe.* Hierin ist eine neue Logik zur Agglomeration am Werk und eine wesentliche Bedingung für die erneute Zentralität von Städten in den hochentwickelten Ökonomien zu erkennen. Die Informationstechnologien, von denen vielfach geglaubt wird, sie neutralisierten die Entfernungen, tragen in Wirklichkeit zur räumlichen Konzentration bei. Sie ermöglichen die geographische Streuung und gleichzeitig die Integration zahlreicher Unternehmungen. Die besonderen Bedingungen, unter denen diese Technologien verfügbar sind, trugen dazu bei, daß sich die fortgeschrittensten Benutzer in den höchstentwickelten Telekommunikationszentren konzentrieren. Ähnliche Entwicklungen sind auch in Städten zu beobachten, die als regionale Knotenpunkte fungieren, das heißt ein beschränkteres Gebiet bedienen und auf einem niedrigeren Komplexitätsniveau arbeiten als die Global Cities.

2. *Zentralisierte Kontrolle und zentrales Management zahlreicher geographisch gestreuter wirtschaftlicher Unternehmungen erge-*

161

ben sich nicht automatisch als Teil eines »Weltsystems«. Sie erfordern die Produktion einer ganzen Reihe hochspezialisierter Dienstleistungen, eine umfassende Telekommunikationsinfrastruktur sowie produktionsbezogene Dienstleistungen. Die wichtigeren Großstädte fungieren dabei als Zentren, in denen der internationale Handel, die internationale Investitionstätigkeit und die Konzernzentralen finanziert und mit Dienstleistungen versorgt werden. In diesem Sinn sind sie strategische Produktionsstätten der heute führenden Wirtschaftssektoren. Dies spiegelt sich in der wachsenden Bedeutung dieser Tätigkeiten für ihre Ökonomien wider. Auch hier sind in Städten, die als regionale Zentren fungieren, ähnliche Entwicklungen zu beobachten. Auf diese Weise materialisieren sich die räumlichen Effekte der wachsenden Dienstleistungsintensität sämtlicher Industrien in Städten.

3. *Die wirtschaftliche Globalisierung trug zur Entwicklung einer neuen Geographie von Zentralität und Marginalität bei.* Diese neue Geographie ist ausgesprochen vielgestaltig und auf den verschiedensten Gebieten zu beobachten, angefangen von der Verteilung der Telekommunikationsanlagen bis hin zur Wirtschafts- und Beschäftigungsstruktur. Global Cities entwickeln sich zu Orten, an denen sich die wirtschaftliche Macht in ungeheurem Maß konzentriert, während andere Städte, die einst wichtige Industriestandorte waren, sich weitgehend im Niedergang befinden. Hochqualifizierte Spezialisten verdienen mehr denn je zuvor, während durchschnittlich und niedrig qualifizierte Arbeitskräfte sich mit fallenden Einkommen abzufinden haben. Und während Finanzdienstleistungen Superprofite erwirtschaften, kämpfen industrielle Dienstleistungen ums bloße Überleben.

Im folgenden möchte ich die letztgenannte Entwicklung, die die weitreichendsten Implikationen hat, etwas näher beleuchten.

Der Ort des Peripheren

Die tiefer werdende Kluft zwischen den Extremen, wie sie in allen wichtigeren Großstädten der entwickelten Länder zu beobachten ist, wirft die Frage auf, was unter »reichen« Ländern und »reichen Städten« zu verstehen ist. Allem Anschein nach ist der Gegensatz zwischen Zentrum und Peripherie, der sich in der Vergangenheit auf den Unterschied zwischen Industrieländern und Entwicklungsländern bezog, nun auch innerhalb der entwickelten Länder und hier vor allem in den Großstädten erkennbar.

In der theoretischen Diskussion über diese Problematik wird unter anderem die Auffassung vertreten, daß sich in der zunehmenden Ungleichheit, wie sie in den vorhergehenden Kapiteln beschrieben wurde, eine Veränderung in der Geographie von Zentrum und Peripherie widerspiegelt. Diese Ungleichheit weist darauf hin, daß Prozesse der Peripherisierung nunmehr in Bereichen auftreten, die einst als »Kerngebiete« galten – ob nun auf globaler, regionaler oder urbaner Ebene –, und daß mit dem Voranschreiten dieser Prozesse auch die Zentralität auf allen drei Ebenen ausgeprägter wurde.

Was unter peripher zu verstehen ist, hängt dabei von der wirtschaftlichen Dynamik ab, die auf den jeweiligen geographischen Terrains vorherrscht. Neue Formen der Peripherisierung sind im Zentrum großer Städte der entwickelten Länder nicht weit von den weltweit teuersten Gewerbeflächen zu beobachten: »Inner Cities« sind nicht mehr nur in den Vereinigten Staaten und manchen europäischen Großstädten anzutreffen, sondern nun auch in Tokio (Nakabayashi 1987; Komori 1983; KUPI 1981; Sassen 1991, Kap. 9). Überdies kann Peripherisierung im Zentrum auch in organisationeller Hinsicht festgestellt werden. Segmentierte Arbeitsmärkte gibt es seit langem; aber die Art, wie sich der Niedergang des produzierenden Gewerbes und die Entwertung der Tätigkeit von ungelernten Arbeitern in führenden Gewerbzweigen derzeit auf den Arbeitsmarkt dieser Städte auswirkt, ist mit Segmentierung höchst unzureichend beschrieben und muß vielmehr als eine Form der Peripherisierung verstanden werden.

Darüber hinaus sind die neuen Formen des Wirtschaftswachstums, wie sie im urbanen Randgebiet auftreten, auch gleichbedeutend mit Krise: Aufruhr in den Immigrantenghettos der Vorstädte; Stadtflüchtlinge, die eine Kontrolle des Wirtschaftswachstums zum Schutz ihrer Umwelt einklagen, und neue Formen der Problembewältigung auf kommunaler Ebene (Body-Gendrot 1993; Pickvance/Preteceille 1991). Der regionale Regulationsmodus beruht in vielen dieser Städte auf dem alten Modell von Zentrum/Vorort und könnte sich daher mit Blick auf die Bewältigung von intraperipheren Konflikten, die zwischen unterschiedlichen Typen von Gemeinden und Städten der urbanen Ränder oder urbanen Region, als zunehmend unangemessen erweisen. Frankfurt zum Beispiel ist ohne die umliegenden Städte der Region nicht funktionsfähig; andererseits wäre diese *urbane Region* ohne die spezifischen Wachstumsformen im Zentrum von Frankfurt schlicht nicht entstanden. Wie Keil und Ronneberger (1993) bemerken, klingen in der Forderung der Politiker, diese Region offiziell *anzuerkennen,* um Frankfurts Position in der globalen innerstädtischen Konkurrenz zu stärken, auch ideologische Motive an. Bezweckt wird damit, den regionalen Zusammenhalt zu stärken und den objektiv disparaten Interessen in der Region durch die Betonung des Gemeinwohls die Spitze zu nehmen. So werden die Konflikte zwischen den ungleich begünstigten Sektoren auf die interregionale Ebene verschoben und als Konkurrenz mit anderen Regionen reformuliert. Der Regionalismus fungiert damit als Ideologem, mit dem die globale Orientierung der führenden Sektoren und die lokalen Programme der verschiedenen regionalen Gemeinden und Städte unter einen Hut gebracht werden sollen.

Im Gegensatz dazu dominiert in Städten wie New York oder São Paulo eher der »City«-Diskurs als die Ideologie des Regionalismus (vgl. Toulouse 1992). Denn das eigentliche Problem besteht hier darin, eine Brücke zu schlagen zwischen der *Inner City* oder den Squatters am städtischen Rand und dem Zentrum. In multiethnischen Städten ist der Multikulturalismus als eine Form der Überbrückung entstanden. Ansatzweise mag sich dort auch ein »regionalistischer« Diskurs herausbilden, der bislang jedoch völlig unter dem Banner der Suburbanisierung verschwand – einem Konzept, das sowohl Flucht vor als auch Abhängigkeit von der Stadt meint. Von Konflikten zwischen den verschiedenen Interessen und Städten oder Gemeinden innerhalb der urbanen Peripherie war in den Vereinigten Staaten bisher kaum die Rede. Der wunde Punkt auf der regionalen Ebene war bisher eher die Artikulation zwischen Wohnvororten und City.

Ein umkämpfter Raum

Strategisches Terrain der beschriebenen Entwicklungen sind die Großstädte. *Erstens sind Städte der Ort konkreter wirtschaftlicher Vorgänge.* Dabei lassen sich für unsere Zwecke zwei Arten von Wirtschaftsvorgängen unterscheiden: (1) Mit Blick auf die wirtschaftliche Globalisierung und die Raumproblematik fungieren Städte als strategische Orte, an denen sich die Steuerungsfunktionen, die globalen Märkte und – wie in Kapitel 4 beschrieben – die Produktionsstätten der hochmodernen unternehmensorientierten Dienstleistungen konzentrieren. (2) Mit Blick auf den Arbeitsalltag im Bereich des führenden Wirtschaftskomplexes – des Finanz- und spezialisierten Dienstleistungsgewerbes – sahen wir in Kapitel 6, daß ein Großteil der damit zusammenhängenden Jobs, die vielfach von Frauen und Immigranten erledigt werden, niedrigbezahlt und manueller Art ist. Obwohl diese Beschäftigtengruppen und diese Arbeitsplätze nirgends als Teil der globalen Ökonomie dargestellt werden, gehören sie in Wirklichkeit ebenso zur wirtschaftlichen Globalisierung wie das internationale Finanzgewerbe. Wir sehen hier eine Bewertungsdynamik am Werk, durch die sich der Abstand zwischen den entwerteten und den aufgewerteten – oder vielmehr überbewerteten – Wirtschaftssektoren zunehmend vergrößert. Diese gemeinsame Präsenz machte die Städte zu einem umkämpften Terrain.

Die Struktur der Wirtschaftsaktivitäten bewirkte Veränderungen in der Organisation der Arbeit, die sich in einer weitgehenden Umschichtung des Stellenangebots widerspiegeln und zu einer ausgeprägten Polarisierung in der Einkommensverteilung sowie in der Beschäftigungsstruktur führte. In den führenden Wachstumsbranchen gibt es wesentlich mehr Stellen, die entweder am oberen oder am unteren Ende der Einkommensskala angesiedelt sind, als in den älteren, nunmehr im Niedergang begriffenen Industrien. Nahezu die Hälfte der Arbeitsplätze im Bereich der unternehmensorientierten Dienstleistungen ist schlechtbezahlt, während die andere Hälfte auf die beiden höchsten Einkommensgruppen entfällt. Während der Wachstumsära der Nachkriegszeit hingegen gehörte in den Vereinigten Staaten und in Großbritannien ein großer Teil der Industriearbeiter zur mittleren Einkommensschicht.

Ein zentrales Anliegen hier war, wie diese neuen Formen der Ungleichheit neue soziale Formen hervorbringen, die gentrifizierten Viertel etwa, die informelle Ökonomie oder das entwertete produzierende Gewerbe. In welchem Ausmaß diese Entwicklungen mit der Konsolidierung eines an den globalen Märkten orientierten Wirtschaftskomplexes zusammenhängen, ist schwer zu sagen. Eine exakte empirische Dokumentation dieser Zusammenhänge oder Auswirkungen ist unmöglich; deshalb haben wir uns hier auf die Konsequenzen konzentriert, die aus dem Aufstieg dieses internationalen Wirtschaftskomplexes und dem allgemeinen Übergang zu einer Dienstleistungsökonomie resultieren.

Zweitens konzentriert sich in der Stadt Vielfalt. Die verschiedenen städtischen Räume sind nicht nur durch die vorherrschende Unternehmenskultur geprägt, sondern via Einwanderung auch von einer Vielfalt anderer Kulturen und Identitäten. Klar ist, daß die dominante Kultur nur einen Teil der Stadt umfassen kann. Mag die Macht der Unternehmen die nicht zu ihrem Bereich gehörenden Kulturen auch als »andere« abstempeln und also entwerten, so sind sie doch überall gegenwärtig. Die Immigrantengemeinschaften und die informelle Ökonomie, die in Kapitel 6 beschrieben wurden, sind dafür nur zwei Beispiele. Verschiedene Kulturen und Ethnien

sind gerade in den Großstädten der Vereinigten Staaten und Westeuropas, in denen sich die wirtschaftliche Unternehmensmacht am
stärksten konzentriert, vertreten.

Wir sehen hier ein interessantes Entsprechungsverhältnis zwischen großen Ansammlungen von wirtschaftlicher Macht und
großen Ansammlungen von »Anderen«. Daran wird deutlich,
daß zum Prozeß der Globalisierung nicht nur das Kapital und die
neue internationale Unternehmenskultur – das internationale
Finanzgewerbe, die Telekommunikation und die Informations-
ströme – gehören, sondern auch die Menschen und die nichtunter-
nehmensbezogenen Kulturen. Ein weiter Bereich von niedrigbezahlten, unqualifizierten Jobs und Tätigkeiten bildet durchaus
einen integralen Bestandteil dieser sogenannten Unternehmenskultur.

Wenn wir uns auf die *Arbeit* hinter den Steuerungsfunktionen, auf
den *Produktionsaspekt* des Finanz- und Dienstleistungskomplexes
und auf die *Standortgebundenheit* der Marktplätze konzentrieren,
können wir in unserer Analyse auch die der Globalisierung
zugrunde liegenden materiellen Anlagen und den ganzen Bereich
von Jobs und Beschäftigten berücksichtigen, die üblicherweise
nicht als Teil des Unternehmenssektors der Wirtschaft verstanden
werden: die Sekretärinnen und Putzkolonnen, die Lastwagenfahrer,
die die Software anliefern, die Techniker, Maler und Hausmeister
und überhaupt all die Arbeiter, die mit der Instandhaltung der
Gebäude beschäftigt sind, in denen das Unternehmen untergebracht ist.

Unter diesem weiteren Blickwinkel wird deutlich, daß die soge-
nannte globale Informationsökonomie eine Vielfalt von wirtschaftlichen Einheiten einschließt. So werden in die Analyse eine ganze
Reihe von Tätigkeiten, Beschäftigtengruppen und Firmen aufgenommen, die entweder nie zum »Zentrum« der Wirtschaft gehörten
oder im Laufe des wirtschaftlichen Strukturwandels der achtziger
Jahre aus dem Zentrum ausgegrenzt und in diesem System, in dem
ein zu enger Begriff des wirtschaftlichen Zentrums vorherrscht,
daher entwertet wurden. Globalisierung kann somit als ein Prozeß

verstanden werden, an dem zahlreiche wirtschaftliche Zusammenhänge und Arbeitskulturen beteiligt sind.

In den vorhergehenden Kapiteln haben wir versucht darzulegen, daß die Städte für die tonangebenden Wirtschaftssektoren von herausragender Bedeutung sind. Die Großstädte der hochentwickelten Industrieländer sind Orte, an denen die Globalisierungsprozesse konkrete lokale Formen annehmen. Diese Formen machen zu einem gut Teil aus, was unter Globalisierung zu verstehen ist. Darüber hinaus können Städte auch als Orte gelten, an denen die Widersprüche der Internationalisierung des Kapitals sich entweder beruhigen oder in Konflikten zum Ausbruch kommen. Wenn wir dabei in Betracht ziehen, daß sich in den Großstädten zunehmend mehr benachteiligte Bevölkerungsgruppen konzentrieren – seien es wie in Europa und in den Vereinigten Staaten die Immigranten oder wie in den Vereinigten Staaten die Afro-Amerikaner und die Latinos –, dann wird deutlich, daß die Städte ein strategisches Terrain für eine ganze Reihe von Konflikten und Widersprüchen geworden sind.

Auf der einen Seite konzentriert sich in Großstädten ein großer Teil der unternehmerischen Macht, so daß die Überbewertung des Unternehmenssektors hier einen wesentlichen Kristallisationspunkt hat; auf der anderen Seite finden sich in Großstädten große Ansammlungen von benachteiligten Bevölkerungsgruppen, so daß sich auch die Entwertung dieser Menschen vor allem hier abspielt. Dieses Nebeneinander ereignet sich in einem Kontext, in dem einerseits die Internationalisierung der Wirtschaft drastisch zugenommen hat und die Städte für das globale Kapital von zunehmender strategischer Bedeutung werden und andererseits die an den Rand gedrängten Menschen an repräsentativer Macht gewonnen haben und ebenfalls Ansprüche an die Stadt anmelden. Ins Blickfeld rückt dieses Nebeneinander vor allem auch deshalb, weil die Kluft zwischen den beiden Extremen immer tiefer wird. Während das Zentrum durch eine ungeheure Konzentration an Macht geprägt ist – eine Macht, die auf der Fähigkeit zu globaler Kontrolle und zur Erzielung von Superprofiten beruht –, rückt der Rand ungeachtet seiner politischen und wirtschaftlichen Schwäche durch eine neue Politik von Kultur und Identität zunehmend in den Vordergrund.

Wären die Städte für die Globalisierung der Wirtschaftstätigkeit irrelevant, so könnte das Zentrum einfach auf sie verzichten und bräuchte sich nicht darum zu kümmern. Genau so argumentieren denn auch manche Politiker – daß die Städte zu einem hoffnungslosen Sammelbecken aller möglichen sozialen Problemfälle geworden seien. Interessant ist in diesem Zusammenhang, daß auch in der vorherrschenden Erzählung die Auffassung vertreten wird, Raum spiele keine Rolle mehr, die Unternehmen könnten sich dank der Telematik an jedem beliebigen Ort niederlassen und die wichtigsten Branchen seien, da sie auf Informationsverarbeitung beruhten, nicht mehr ortsgebunden. Diese Argumentation entwertet die Städte in einer Zeit, in der sie sich zu wichtigen Schauplätzen der neuen multikulturellen Politik entwickeln. Sie erlaubt es den Großunternehmen darüber hinaus, den Stadtregierungen bedeutende Konzessionen zu entringen, wobei sie geltend machen, daß sie wegziehen und sich anderswo ansiedeln könnten – was für einen ganzen Komplex von Unternehmen durchaus nicht zutrifft, wie wir über weite Strecken dieses Buches dargelegt haben.

Wenn wir hier versucht haben zu zeigen, daß erstens den Städten als Steuerungszentralen, globalen Marktplätzen und Produktionsstätten der Informationsökonomie eine strategische Bedeutung im wirtschaftlichen Globalisierungsprozeß zukommt und daß zweitens viele entwertete Sektoren der urbanen Ökonomie für das Zentrum tatsächlich entscheidende Funktionen erfüllen, dann wollten wir damit unterstreichen, wie wichtig die Städte gerade in einem globalisierten Wirtschaftssystem sind und welche Bedeutung in diesem Zusammenhang die normalerweise übergangenen Sektoren haben, die weitgehend auf der Arbeit von Frauen, Immigranten und – im Fall der amerikanischen Großstädte – von Afro-Amerikanern und Latinos beruhen. In Wirklichkeit sind es nur die mittleren Bereiche der Wirtschaft – die routinisierten Büroarbeiten in Unternehmenszentralen, die nicht an die Weltmärkte angekoppelt sind, und die vielfältigen Dienstleistungen, die weitgehend von der in den Vorstädten lebenden Mittelschicht nachgefragt werden – sowie die mittleren Schichten der Stadtbevölkerung – d. h. die Mittelschicht –, die sich aus den Städten zurückziehen können und zurückgezogen haben. Die beiden verbleibenden Sektoren aber, das Zentrum und das ›Andere‹, finden in der Stadt das strategische Terrain für ihre Unternehmungen.

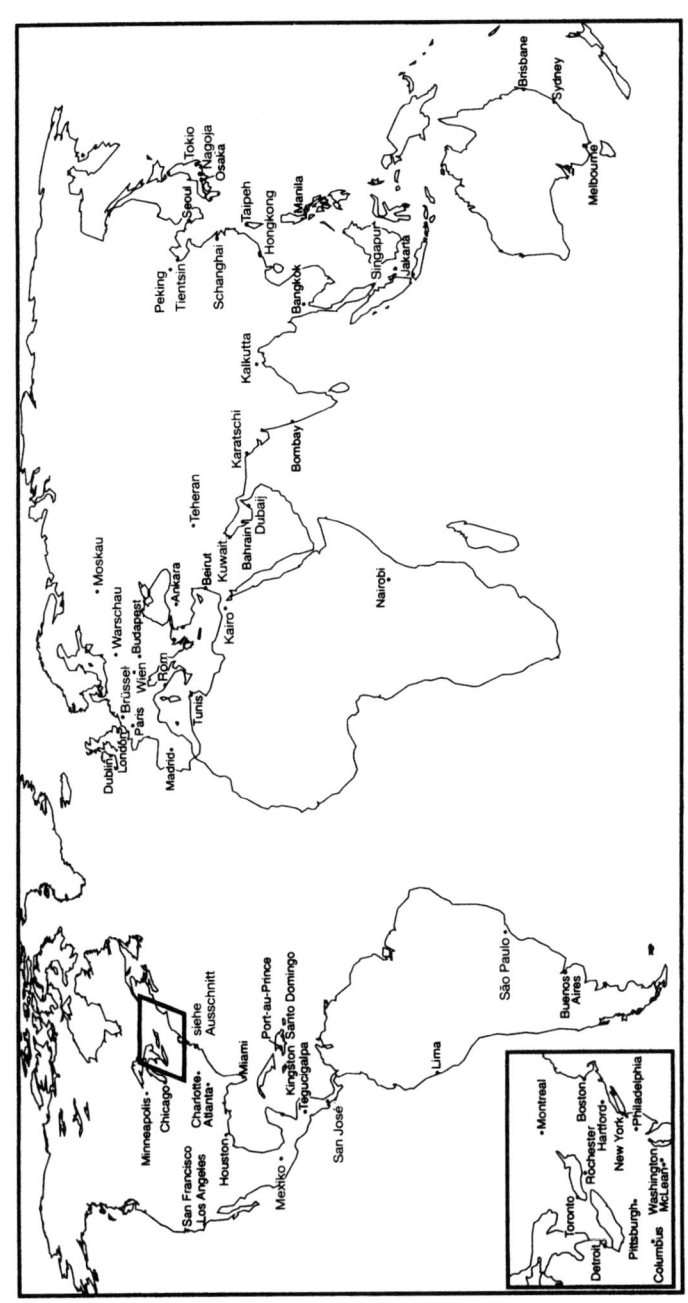

Städte weltweit (Auswahl)

171

Literatur

Abreu, A., M. Cocco, C. Despradel, E. G. Michael, A. Peguero, (1989), *Las Zonas Francas Industriales: El Exito de una Política Ecónomica*, Santo Domingo

Abu-Lughod, J. L. (1980), *Rabat: Urban Apartheid in Marocco*, Princeton

Adrian, C. (1984), *Urban Impacts of Foreign and Local Investment in Australia*, Canberra

Amin, Ash, Kevin Robin (1990), »The Re-Emergence of Regional Economies? The Mythical Geography of Flexible Accumulation«, in: *Environment and Planning D: Society and Space* 8 (1), S. 7-34

AMPO (1988), »Japan's Human Imports: As Capital Flows Out, Foreign Labor Flows In«, Sondernummer der *Japan-Asia Quarterly Review* 19 (1)

Asian Women's Association (1988), *Women from Across the Seas: Migrant Workers in Japan*, Tokio

Bagnasco, Arnaldo (1977), *Tre Italie: La Problematica Territoriale Dello Sviluppo Italiano*, Bologna

Bailey, Thomas (1990), »Jobs of the Future and the Education They Will Require: Evidence from Occupational Forecasts«, in: *Educational Researcher* 20 (2), S. 11-20

Balbo, Laura, Luigi Manconi (1990), *I Razzismi Possibili*, Milano

Bank for International Settlements (1992), *62nd Annual Report*, Basel

Bavishi, V., H. E. Wyman (1983), *Who Audits the World: Trends in the Worldwide Accounting Profession*, Storrs/CT

Beneria, Lourdes (1989), »Subcontracting and Employment Dynamics in Mexico City«, in: A. Portes u. a. (Hg.), *The Informal Economy: Studies in Advanced and Less Developed Countries*, Baltimore

Benko, Georges, Mick Dunford (Hg.) (1991), *Industrial Change and Regional Development: The Transformation of New Industrial Spaces*, London, New York

Berger, Suzanne, Michael P. Piore (1980), *Dualism and Discontinuity in Industrial Societies*, New York, London

Berque, Augustin (1987), *La Qualité de la Ville: Urbanité Française, Urbanité Nippone*, Tokio

Bestor, Theodore (1989), *Neighborhood Tokyo*, Stanford, CA

Bhagwati, J. (1988), *Protectionism*, Boston

Blaschke, J., A. Germershausen (1989), »Migration und ethnische Beziehungen«, in: *Nord-Süd Aktuell*, S. 3-4

Blumberg, P. (1981) *Inequality in an Age of Decline*, New York

Body-Gendrot, Sophie (1993), *Ville et Violence*, Paris

Body-Gendrot, Sophie, Emmanuel Ma Mung, Catherine Hodier (1992), »Entrepreneurs Entre Deux Mondes: Les Créations d'Entreprises par les Etrangers: France, Europe, Amérique du Nord«, in: *Revue Européenne des Migrations Internationales*, 8 (1), S. 5-8

Boissevain, Jeremy (1992), »Les Entreprises Ethniques aux Pays-Bas«, in: *Revue Européenne des Migrations Internationales* 8 (1), S. 96-106

Bourgeois, P. (i. V.), *In Search of Respect: Selling Crack in El Barrio*, New York

Boyer, Christine (1983), *Dreaming the Rational City*, Cambridge

Boyer, Robert (Hg.) (1986), *La Flexibilité du Travail en Europe*, Paris

Brosnan, P., F. Wilkinson (1987), *Cheap Labour: Britain's False Economy*, London

Brown, C. (1984), *Black and White Britain*, London

Brusco, Sabastiano (1986), »Small Firms and Industrial Districts: The Experience of Italy«, in: David Keeble/Francis Weever (Hg.), *New Firms and Regional Development*, London

Buck, Nick, Matthew Drennan, Denneth Newton (1992), »Dynamics of the Metropolitan Economy«, in: Susan Fainstein/Ian Gordon/Michael Harloe (Hg.), *Divided Cities: New York & London in the Contemporary World*, Oxford

Burgel, Guy (1993), *La Ville Aujourd'hui*, Paris

Canadian Urban Institute (1993), *Disentangling Local Government Responsibilities: International Comparisons*, Toronto

Canevari, Annapaola (1991), »Immigrati Prima Accoglienza: E Dopo?«, in: *Dis T Rassegna di Studi e Ricerche del Dipartimento di Scienze del Territorio del Politecnico di Milano* 9 (September), S. 53-60

Cardew, R. V., J. V. Langdale, D. C. Rich (Hg.) (1982), *Why Cities Change: Urban Development and Economic Change in Sydney*, Sydney

Carleial, L., M. R. Nabuco (Hg.) (1989), *Transformações na Divisão Interregional no Brasil*, São Paulo

Castells, M. (1983), *The City and the Grassroots: A Cross-Cultural Theory of Urban Social Movements*, Berkeley

Castells, M. (1989), *The Informational City*, London

CEMAT (1988), *Draft European Regional Planning Strategy* 2 Bde., Luxemburg

Chase-Dunn, C. (1984), »Urbanization in the World System: New Directions for Research«, in: M. P. Smith (Hg.), *Cities in Transformation*, Newbury Park, CA

174

Cheshire, P. C., D. G. Hay (1989), *Urban Problems in Western Europe*, London

City of Toronto (1990), *Cityplan '91: Central Area Trends Report*, Toronto

Clavel, P. (1986), *The Progressive City*, New Brunswick

Cobos, Emilio Pradilla (1984), *Contribución a la Crítica de la »Teoría Urbana«: Del »Espacio« a la »Crisis Urbana«*, Mexiko City

Cohen, R. (1987), *The New Helots: Migrants in the International Division of Labour*, London

Cohen, Stephen S., John Zysman (1987), *Manufacturing Matters: The Myth of the Post-Industrial Economy*, New York

Colomina, Beatriz (Hg.) (1992), *Sexuality & Space*, Princeton

Colón, Alice, Marya Muñoz, Neftali García, Idsa Alegria (1988), »Trayectoria de la Participación Laboral de las Mujeres en Puerto Rico de los Años 1950 a 1985«, in: *Crisis, Sociedad y Mujer: Estudio Comparativo entre Paises de America (1950-1985)*, Havana

Corbridge S., J. Agnew (1991), »The U. S. Trade and Budget Deficit in Global Perspective: An Essay in Geopolitical Economy«, in: *Environment and Planning D: Society and Space* 9, S. 71-90

Cornelius, Wayne u. a. (1992), »Controling Illegal Immigration: A Global Perspective«, Work in Progress, Center for United States-Mexican Studies, University of California, San Diego

Daly, M. T., R. Stimson (1992), »Sydney: Australia's Gateway and Financial Capital«, in: E. Blakely/T. J. Stimpson (Hg.), *New Cities of the Pacific Rim*, Berkeley

Daniels, Peter W. (1985), *Service Industries: A Geographical Appraisal*, London, New York

Daniels, Peter W. (1991), »Producer Services and the Development of the Space Economy«, in: Peter W. Daniels/Frank Moulaert (Hg.), *The Changing Geography of Advanced Producer Services*, London – New York

Dauhajre, Andres, E. Riley, R. Mena, J. A. Guerrero (1989), *Impacto Económico de las Zonas Francas Industriales de Exportación en la República Dominicana*, Santo Domingo

Deecke, H. T., T. Kruger, D. Lapple (1993), *Alternative Szenarien der wirtschaftlichen Strukturentwicklung in der Hamburger Wirtschaft unter räumlichen Gesichtspunkten*, Hamburg

Deere, Carmen Diana, Peggy Antrobus, Lynn Bolles, Edwin Melendez, Peter Phillips, Marcia Rivera, Helen Safa (1990), *In the Shadows of the Sun: Carribean Development Alternatives and U. S. Policy*, Boulder/CO

Delauney, Jean-Claude, Jean Gadrey (1987), *Les Enjeux de la Société de Service*, Paris

Dogan, M., J. D. Kasarda (Hg.) (1988), *A World of Giant Cities*, Newbury Park/ CA

Dore, Ronald (1986), *Flexible Rigidities: Industrial Policy and Structural Adjustment in the Japanese Economy, 1970-1980*, London

Drache, D., M. Gertler (Hg.) (1991), *The New Era of Global Competition: State Policy and Market Power*, Montreal

Drennan, Mathew P. (1989), »Information Intensive Industries in Metropolitan Area of the United States«, in: *Environment and Planning A* 21, S. 1603-1618

Drennan, Mathew P. (1992), »Gateway Cities: The Metropolitan Sources of U. S. Producer Service Exports«, in: *Urban Studies* 29 (2), S. 217-235

Duarte, R. (1989), »Heterogeneidade no Setor Informal: Um Estudo de Micro-unidades Produtivas em Aracaju e Teresina«, in: *Estudios Economicos* 19, S. 99-123

Du Rivage, Virginia L. (Hg.) (1992), *New Policies for the Part-time and Contingent Workforce*, Washington/DC

Edel, Matthew (1986), »Capitalism, Accumulation and the Explanation of Urban Phenomena«, in Michael Dear/Allen Scott (Hg.), *Urbanization and Urban Planning in Capitalist Society*, New York

El-Shakhs, Salah (1972), »Development, Primacy and Systems of Cities«, in: *Journal of Developing Areas* 7, S. 11-36

Eurocities (1989), *Documents and Subjects of Eurocities Conference*, Barcelona, 21.-22. April

European Institute of Urban Affairs (1992), *Urbanization and the Functions of Cities in the European Community: A Report to the Commission of the European Communities, Directorate General for Regional Policy (XVI)*, Liverpool

Fainstein, S. (1993), *The City Builders*, Oxford

Fainstein, S., N. Fainstein, R. C. Hill, D. R. Judd, M. P. Smith (1986), *Restructuring the City*, New York

Fainstein, S., I. Gordon, M. Harloe (1992), *Divided Cities: Economic Restructuring and Social Change in London and New York*, New York

Fernandez-Kelly, M. P., A. M. Garcia (1989), »Informalization at the Core: Hispanic Women, Homework, and the Advanced Capitalist State«, in: A. Portes u. a. (Hg.), *The Informal Economy: Studies in Advanced and Less Developed Countries*, Baltimore

Fernandez-Kelly, M. P., Saskia Sassen (1992), *Immigrant Women in the Garment and Electronic Industries in the New York-New Jersey Region and in Southern California*, Final Research Report presented to the Ford, Revson, and Tinker Foundations, New York

Friedmann, John (1986), »The World City Hypothesis«, in: *Development and Change* 17, S. 69-84

Friedmann, J., G. Wolff (1982), »World City Formation: An Agenda for Research and Action«, in: *International Journal of Urban and Regional Research* 15 (1), S. 269-283

Frost, Martin, Nigel Spence (1992), »Global City Characteristics and Central London's Employment«, in: *Urban Studies* 30 (3), S. 547-558

Fujita, Kuniko (1991), »A World City and Flexible Specialization: Restructuring of the Tokyo Metropolis«, in: *International Journal of Urban and Regional Research* 15 (1), S. 269-284

Gad, Gunter (1991), »Toronto's Financial District«, in: *Canadian Urban Landscapes* 1, S. 203-207

Gans, Herbert (1984), »American Urban Theory and Urban Areas«, in Ivan Szelenyi (Hg.), *Cities in Recession*, Newbury Park

Garofalo, G., M. S. Fogarty (1979), »Urban Income Distribution and the Urban Hierarchy-Inequality Hypothesis«, in: *Review of Economics and Statistics* 61, S. 381-388

Gerlach, Michael (1992), *Alliance Capitalism: The Social Organization of Japanese Business*, Berkeley

Gershuny, Jonathan, Ian Miles (1983), *The New Service Economy: The Transformation of Employment in Industrial Societies*, New York

Giarini, Orio (Hg.) (1987), *The Emerging Service Economy* – Oxford – New York

Giddens, A. (1991), *The Consequences of Modernity*, Oxford

Gillette, A., A. Sayad (1984), *L'Immigration Algérienne en France*, Paris

Glickman, N. J., A. K. Glasmeier (1989), »The International Economy and the American South«, in: L. Rodwin/H. Sazanami (Hg.), *Deindustrialization and Regional Economic Transformation: The Experience of the United States*, Winchester/MA

Glickman, N. J., D. P. Woodward (1989), *The New Competitors: How Foreign Investors Are Changing the U. S. Economy*, New York

Goddard, J. B. (1993), »Information and Communications Technologies, Corporate Hierarchies and Urban Hierarchies in the New Europe«, presented at the Fourth International Workshop on Technological Change and Urban Form: Productive and Sustainable Cities, Berkeley/CA, 14.-16. April 1993

Goldsmith, William V., Edward J. Blakely (1992), *Separate Societies: Poverty and Inequality in U. S. Cities*, Philadelphia

Goldthorpe, John (Hg.) (1984), *Order and Conflict in Contemporary Capitalism*, Oxford

Gordon, Ian, Saskia Sassen (1992), »Restructuring the Urban Labor Markets«, in: S. Fainstein u. a. (Hg.), *Divided Cities: New York and London in the Contemporary World*, Oxford, S. 105-128

Graham, Edward M., Paul R. Krugman (1989), *Foreign Direct Investment in the United States*, Washington/DC

Granovetter, Mark (1985), »Economic Action and Social Strukcture: The Problem of Embeddedness«, in: *American Journal of Sociology* 91, S. 481-510

Gregory, Derek, John Urry (Hg.) (1985), *Social Relations and Spatial Structures*, London

Grosfoguel, Ramon (1993), »World Cities in the Carribean City System: Miami and

San Juan«, paper presented at the conference on World Cities in a World System, Blacksburg, VA. April

Grosz, E. (1992), »Bodies-Cities«, in: Beatriz Colomnina (Hg.), *Sexuality & Space*, Princeton, S. 241-253

Hall, Peter (1964), *Greater London*, London

Hall, Peter (1966), *The World Cities*, New York

Hall, Peter (1988), *Cities of Tomorrow*, Oxford

Hall, Peter, D. Hay (1980), *Growth Centers in the European Urban System*, London

Hall, S. (1991), »The Local and the Global: Globalization and Ethnicity«, in: Anthony D. King (Hg.), *Current Debates in Art History 3. Culture, Globalization and the World-System: Contemporary Conditions for the Representation of Identity*, New York

Hardoy, J. E. (1975), *Urbanization in Latin America*, Garden City/NJ

Hardoy, J. E., D. Satterthwaite (1989), *Squatter Citizen: Life in the Urban Third World*, London

Harris, R. (1991), »The Geography of Employment and Residence in New York Since 1950«, in: J. Mollenkopf/M. Castells (Hg.), *Dual City: Restructuring New York*, New York, S. 129-152

Harrison, B., B. Bluestone (1988), *The Great U-Turn*, New York

Hartmann, Heidi (Hg.) (1987), *Computer Chips and Paper Clips: Technology and Women's Employment*, Washington/DC

Harvey, David (1985), *The Urbanization of Capital*, Oxford

Harvey, David (1989), *The Condition of Postmodernity*, Oxford

Häußermann, Hartmut, Walter Siebel (1987), *Neue Urbanität*, Frankfurt a. M.

Henderson, Jeff, Manuel Castells (Hg.) (1987), *Global Restructuring and Territorial Development*, London

Hill, R. C. (1989), »Comparing Transnational Production Systems: The Case of the Automobile Industry in the United States and Japan«, in: *International Journal of Urban and Regional Research* 13 (3), S. 462

Hino, Masateru (1984), »The Location of Head and Branch Offices of Large Enterprises in Japan«, in: *Science Reports of Tohoku University (Senday, Japan) Geography Series* 34 (2)

Hirst, Paul, Jonathan Zeitlin (1989), *Reversing Industrial Decline?* Oxford

Hollifield, James F. (1992), *Immigrants, Markets, and States: The Political Economy of Postwar Europe*, Cambridge/MA

Hymer, Stephen, Robert Rowthorn (1970), »Multinational Corporations and International Ologopoly«, in: Charles P. Kindleberger (Hg.), *The International Corporation*, Cambridge

Ishizuka, H., Y. Ishida (1988), *Tokyo: Urban Growth and Planning, 1968-1988*, Tokio

Ito, Tatsuo, Masafumi Tanifuji (1982), »The Role of Small and Intermediate Cities in

National Development in Japan«, in: O. P. Mathur (Hg.), *Small Cities and National Development*, Nagoya

Iyotani, Toshio (1989), »The New Immigrant Workers in Tokyo«, vervielf. Manuskript, Tokyo University of Foreign Studies

Iyotani, Toshio, Toshio Naito (1989), »Tokyo no Kokusaika de Tenkan Semarareru Chusho Kigyo« [Medium- and small-sized corporations under pressure of change by Tokyo's internationalization], in: *Ekonomisuto* 5. September, S. 44-49

Japan Ministry of Labor (1987), *Monthly Labor Statistics and Research Bulletin*, Tokio

Jenkins, Rhys (1991), »The Political Economy of Industrialization: A Comparison of Latin American and East Asian Newly Industrializing Countries«, in: *Development and Change* 11, S. 197-231

Jonas, S. (1992), *The Battle for Guatemala: Rebels, Death Squads, and U. S. Power*, Boulder/CO

Kadarda, John D., Edward M. Crenshaw (1991), »Third World Urbanization: Dimensions, Theories and Determinants«, in: *Annual Review of Sociology* 17, S. 467-501

Keil, Roger, Klaus Ronneberger (1992), »Going Up the Country: Internationalization and Urbanization on Frankfurt's Nothern Fringe«, presented at the UCLA International Sociological Association, Reasearch Committee 29, *A New Urban and Regional Hierarchy? Impacts of Modernization, Restructuring and the End of Bipolarity*, 24.-26. April

Keil, Roger, Klaus Ronneberger (1995), »Außer Atem – Frankfurt nach der Postmoderne«, in: H. Hitz/R. Keil/U. Lehrer/K. Ronneberger/C. Schmid/R. Wolff (Hg.), *Capitales Fatales. Urbanisierung und Politik in den Finanzmetropolen Frankfurt und Zürich*, Zürich

Kelly, Maryellen R. (1989), »Alternative Forms of Work Organization Under Programmable Automation«, in: Stephen Wood (Hg.), *The Transformation of Work?* London, S. 235-246

Knight, R. V., G. Gappert (Hg.) (1989), *Cities in a Global Society*, Newbury Park

Komai, Hiroshi (1992), »Are Foreign Trainees in Japan Disguised Cheap Laborers?«, in: *Migration World* 20 (1), S. 13-17

Komori, S. (1983), »Inner City in Japanese Context«, in: *City Planning Review* 125, S. 11-17

Kowarick, L., A. M. Campos, M. C. de Mello (1991), »Os Percursos de Desigualdade«, in: R. Rolnik/L. Kowarick/N. Somekh (Hg.), *São Paulo, Crise e Mudança*, São Paulo

Kunzmann, K. R., M. Wegener (1991), »The Pattern of Urbanization in Western Europe 1960-1990«, Report for the Directorate General XVI of the Commission of the European Communities as part of the study *Urbanization and the Function of Cities in the European Community*, Dortmund

KUPI (1981), *Policy for Revitalization of Inner City*, Kobe

Kuttner, Robert (1991), *The End of Laissez-Faire*, New York

Landell-Mills, Pierre, Ramgopal Agarwala, Stanley Please (1989), *Sub-Saharan Africa: From Crisis to Sustainable Growth*, Washington/DC

Lash, Scott, John Urry (1987), *The End of Organized Capitalism*, Cambridge

Lavinas, Lena, Maria Regina Nabuco (1992), »Economic Crisis and Flexibility in Brazilian Labor Markets«, presented at the UCLA International Sociological Association, Research Committee 29, *A New Urban and Regional Hierarchy? Impacts of Modernization, Restructuring and the End of Bipolarity*, 24.-26. April

Leborgne, D., A. Lipietz (1988), »L'Après-Fordisme et son Espace«, in: *Les Temps Modernes* 43, S. 75-114

Lee, Kyu Sik (1989), *The Location of Jobs in a Developing Metropolis: Patterns of Growth in Bogota and Cali, Colombia*, New York

Levy, Frank, Richard Murname (1992), »U. S. Earnings Levels and Earnings Inequality: A Review of Recent Trends and Proposed Explanations«, in: *Journal of Economic Literature*, September, S. 1333-1381

Leyshon, A., P. Daniels, N. Thrift (1987), »Large Accountancy Firms in the U. K.: Spatial Development«, Arbeitspapier, St. David's University College, Lampeter, U. K. und University of Liverpool

Lipietz, Alain (1988), »New Tendencies in the International Division of Labor: Regimes of Accumulation and Modes of Regulation«, in: A. Scott/M. Storper (Hg.), *Production, Work, Territory*, Boston

Light, I., E. Bonacich (1988), *Immigrant Enterprise*, Berkeley

Linn, Johannes F. (1983), *Cities in the Developing World: Policies for Their Equitable and Efficient Growth*, New York – Oxford

Logan, J. R., H. Molotch (1987), *Urban Fortunes*, Berkeley

Lomnitz, Larissa (1985), »Mechanisms of Articulation between Shantytown Settlers and the Urban System«, in: *Urban Anthropology 7*, S. 185-205

Lozano, Beverly (1989), *The Invisible Work Force: Transforming American Business with Outside and Home-Based Workers*, New York

Lozano, Wilfredo, Isis Duarte (1991), »Proceso de Urbanización, Modelos de Desarrollo y Clases Sociales en la República Dominicana: 1960-1990«, Paper presented at the seminar on Urbanization in the Caribbean in the Years of Crisis, Florida International University, Miami, 29. Mai-1. Juni

Machimura, Takashi (1992), »The Urban Restructuring Process in the 1980s: Transforming Tokyo into a World City«, in: *International Journal of Urban and Regional Research* 16 (1), S. 114-128

Marcuse, Peter (1986), »Abandonment, Gentrification, and Displacement: The Linkages in New York City«, in: Neil Smith/Peter Williams (Hg.), *Gentrification of the City*, Boston

Marie, Claude-Valentin (1992), »Les étrangers non-salariés en France, symbole de la mutation économique des années 80«, in: *Revue Européenne des Migrations Internationales* 8 (1), S. 27-38

Markusen, A. (1985), *Profit Cycles, Oligopoly, and Regional Development*, Cambridge/MA

Markusen, A., V. Gwiasda (1993), »Multipolarity and the Layering of Functions in the World Cities: New York City's Struggle to Stay on Top«, presented in Tokyo at the Conference *New York, Tokyo and Paris*, Oktober 1991

Markusen, A., P. Hall, A. Glasmeier (1986), *High Tech America: The What, How, Where and Why of the Sunrise Industries*, London – Boston

Markusen, A., P. Hall, S. Campbell, S. Deitrick (Hg.) (1991), *The Rise of the Gunbelt*, New York

Marlin, John Tepper, Immanuel Ness, Stephen T. Collins (1986), *Book of World City Rankings*, New York

Marshall, J. N. u. a. (1986), *Uneven Development in the Service Economy: Understanding the Location and Role of Producer Services*. Report of the Producer Services Workings Party, Institute of British Geographers and the ESRC, August

Martinelli, Flavia, Erica Schoenberger (1991), »Oligopoly Is Alive and Well: Notes for a Broader Discussion of Flexible Accumulation«, in: Georges Benko/Mick Dunford (Hg.), *Industrial Change and Regional Development: The Transformation of New Industrial Spaces* (Kap. 6), London, New York

Masser, I., O. Sviden, M. Wegener (1990), *Europe 2020: Long-Term Scenarios of Transport and Communications in Europe*. Unpublished paper for the European Science Foundation

Massey, Doreen (1984), *Spatial Divisions of Labour: Social Structures and the Geography of Production*, London

Mayer Margit (i. V.), »Shifts in the Local Political System in European Cities Since the 80s«, in: Mick Dunford/Grigoris Kafkalas (Hg.), *Competition, Regulation and the New Europe*, London

Melendez, E., C. Rodriguez, J. B. Figueroa (1991), *Hispanics in the Labor Force*, New York

Meyer, David R. (1991), »Change in the World System of Metropolises: The Role of Business Intermediaries«, in: *Urban Geography* 12 (5), S. 393-416

Meyer, Rohn R., James M. Gustafson (Hg.) (1988), *The U. S. Business Corporation: An Institution in Transition*, Cambridge/MA

Mingione, E. (1991), *Fragmented Societies: A Sociology of Economic Life beyond the Market Paradigm*, Oxford

Mingione, E., E. Pugliese (1988), »La Questione Urbana e Rurale: Tra Superamento Teorico e Problemi di Confini Incerti«, in: *La Critica Sociologica* 85, S. 17-50

Mioni, Alberto (1991), »Legittimità ed Efficacia del Progetto Urbano«, in: *Dis T Rassegna di Studi e Recerche del Dipartimento di Scienze del Territorio del Politecnico di Milano* 9 (September), S. 137-150

Mitter, S. (Hg.) (1989), *Information Technology and Women's Employment: The Case of the European Clothing Industry*, Berlin – New York

Miyajima, Takashi (1989), *The Logic of Receiving Foreign Workers: Among Dilemmas of Advanced Societies* (Gaikokujin Rodosha Mukaeire no Ronri: Senshin shakai no Jirenma no naka de), Tokio

Montgomery, Cynthia A., Michael E. Porter (Hg.) (1991), *Strategy: Seeking and Securing Competitive Advantage*, Boston

Morita, Kiriro (1992), »Japan and the Problem of Foreign Workers«, Research Institute for the Japanese Economy, Faculty of Economics, University of Tokyo-Hongo

Morita, Kiriro (1993), »Foreign Workers in Japan«, in: S. Sassen (Hg.), *Labor Migration and Capital Mobility: Comparing the U. S. and Japan.* Special Issue of the *International Journal of Political Economy*

Morita, Kiriro, Saskia Sassen (1994), »The New Illegal Immigration in Japan: A Research Report«, in: *International Migration Review* (i. V.)

Morris, M. (1992), »Great Moments in Social Climbing: King Kong and the Human Fly«, in: Beatriz Colomina (Hg.), *Sexuality and Space*, Princeton

Mowery, David (Hg.) (1988), *International Collaborative Ventures in U. S. Manufacturing*, Cambridge/MA

Nabuco, M. R., A. F. Machado, J. Pires (1991), »Estrategias de Vida e Sobrevivencia na Industria de Confecções de Belo Horizonte«, Belo Horizonte

Nakabayashi, Itsuki (1987), »Social-Economic and Living Conditions of Tokyo's Inner City«, in: *Geographical Reports of Tokyo Metropolitan University* 22

Nanami, Tadashi, Yasuo Kuwabara (Hg.) (1989), *Tomorrow's Neighbors: Foreign Workers* (Asu no Rinjin: Gaikokujin Rodosha), Tokio

Nelson, J. I., J. Lorence (1985), »Employment in Service Activities and Inequality in Metropolitan Areas«, in: *Urban Affairs Quarterly* 21 (1), S. 106-125

Noyelle, T., A. B. Dutka (1988), *International Trade in Business Services: Accounting, Advertising, Law and Management Consulting*, Cambridge/MA

O'Connor, K. (1990), *State of Australia*, Clayton

Oliver, Nick, Barry Wilkinson (1988), *The Japanization of British Industry*, Oxford

Parkinson, M., B. Foley, D. R. Judd (Hg.) (1989), *Regenerating the Cities: The U. K. Crisis and the U. S. Experience*, Glenview/IL

Perez-Sainz, J. P. (1992), *Informalidad Urbana en America Latina: Enfoques, Problemáticas e Interrogantes*, Caracas

Perez-Stable, Marifeli, Miren Uriarte (1993), »Cubans and the Changing Economy of Miami«, in: Rebecca Morales/Frank Bonilla (Hg.), *Latinos in a Changing U. S. Economy: Comparative Perspectives on Growing Inequality*, Newbury Park, S. 133-159

Petrella, R. (1990), »Technology and the Firm«, in: *Technology Analysis & Strategic Management* 2 (2)

Pickvance, C., E. Preteceille (Hg.) (1991), *State Restructuring and Local Power: A Comparative Perspective*, London

Polanyi, Karl (1978), *The great transformation: politische und ökonomische Ursprünge von Gesellschaften und Wirtschaftssystemen*, Frankfurt a. M.

Portes, A., M. Castells, L. Benton (Hg.) (1989), *The Informal Economy; Studies in Advanced and Less Developed Countries*, Baltimore

Portes, A., M. Lungo (Hg.) (1992a), *Urbanización en Centroamerica*, San José, Costa Rica

Portes, A., M. Lungo (Hg.) (1992b), *Urbanización en el Caribe*, San José, Costa Rica

Portes, Alejandro, Min Zhou (1992), »Gaining the Upper Hand: Economic Mobility among Immigrant and Domestic Minorities«, in: *Ethnic and Racial Studies* 15 (Oktober), S. 492-522

Portes, A., S. Saskia-Koob (1987), »Making It Underground: Comparative Material on the Informal Sector in Western Market Economies«, in: *American Journal of Sociology* 93, S. 30-61

Portes, Alejandro, Alex Stepick (1993), *City on the Edge: The Transformation of Miami*, Berkeley

Powell, Walter (1990), »Neither Market nor Hierarchy: Network Forms of Organiszation«, in: Barry M. Straw/Larry L. Cummings (Hg.), *Research in Organizational Behavior*, Greenwich/CT

Prader, T. (Hg.) (1992), *Moderne Sklaven: Asyl und Migrationspolitik in Österreich*, Wien

PREALC (1982), *Mercado de Trabajo en Cifras: 1950-1980*, Santiago de Chile

PREALC (1987), *Ajuste y Deuda Social: Un Enfoque Estructural*, Santiago de Chile

Preteceille, E. (1986), »Collective Consumption, Urban Segragation, and Social Classes«, in: *Environment and Planning D: Society and Space* 4, S. 145-154

Prigge, Walter (1991), »Zweite Moderne: Modernisierung und städtische Kultur in Frankfurt«, in: Frank-Olaf Brauerhoch (Hg.), *Frankfurt am Main: Stadt, Soziologie und Kultur*, Frankfurt a. M., S. 97-105

Pugliese, E. (1983), »Aspetti dell'Economia Informale a Napoli«, in: *Inchiesta* 59/60, S. 89-97

Queiroz Ribeiro, Luis Cesar de (1990), »Restructuring in Large Brazilian Cities: The Center/Periphery Model in Question«, Research Institute of Urban and Regional Planning, Federal University of Rio de Janeiro

Rakatansky, M. (1992), »Spatial Narratives«, in: J. Whiteman/J. Kipnis/R. Burdett (Hg.), *Strategies in Architectural Thinking*, Chicago, S. 198-221

Ramirez, Nelson, Isidor Santana, Francisco de Moya, Pablo Tactuk (1988), *República Dominicana: Población y Desarrollo 1950-1985*, San José, Costa Rica

RECLUS (1989), *Les Villes Européennes*, Rapport pour la DATAR, Paris

Reich, Rober B. (1991), *The Work of Nations: Preparing Ourselves for 21st Century Capitalism*, New York

183

Renooy, P. H. (1984), *Twilight Economy: A Survey of the Informal Economy in the Netherlands*, Forschungsbericht, Wirtschaftwissenschaftliche Fakultät der Universität Amsterdam

Rimmer, P. J. (1986), »Japan's World Cities: Tokyo, Osaka, Nagoya or Tokaido Megalopolis?« in: *Development and Change* 17 (1), S. 121-158

Rimmer, P. J. (1988), »Japanese Construction and the Australian States: Another Round of Interstate Rivalry«, in: *International Journal of Urban and Regional Research* 12 (3), S. 404-424

Roberts, B. (1973), *Organizing Strangers: Poor Families in Guatemala City*, Austin

Roberts, B. (1976), *Cities of Peasants*, London

Roberts, Susan (i. V.), »Fictitious Capital, Fictitious Spaces? The Geography of Offshore Financial Flows«, in: S. Corbridge/R. Martin/N. Thrift (Hg.), *Money, Power and Space*

Rodriguez, Nestor P., J. R. Feagin (1986), »Urban Specialization in the World System«, in: *Urban Affairs Quaterly* 22 (2), S. 187-220

Rolnik, R., L. Kowarck, N. Somekh (Hg.) (1991), *São Paulo, Crise e Mudança*, São Paulo

Roncayolo, M. (1990), *L'Imaginaire de Marseille*, Marseille

Ross, R., K. Trachte (1983), »Global Cities and Global Classes: The Peripheralization of Labor in New York City«, in: *Review* 6 (3), S. 393-431

Roy, Olivier (1991), »Ethnicité, Bandes et Communautarisme«, in: *Esprit* (Februar), S. 37-47

Sanchez, Roberto, Tito Alegria (1992), »Las Ciudades de la Frontera Norte«, Departamento de Estudios Urbanos y Medio Ambiente, El Colegio de la Frontera Norte, Tijuana, Mexico

Santoso, Oerip Lestari Djoko (1992), »The Role of Surakarta Area in the Industrial Transformation and Development of Central Java«, in: *Regional Development Dialogue* 13 (2), S. 69-82

Saskai, Nobuo (1991), *Tocho: Mo Hitotsu no Seifu* (The Tokyo Metropolitan Government: Another Central Government), Tokio

Sassen, Saskia (1988), *The Mobility of Labor and Capital: A Study in International Investment and Labor Flow*, New York

Sassen, Saskia (1991), *The Global City: New York, London, Tokyo*, Princeton/NJ

Sassen, Saskia (1993), *Migration Systems*, Arbeitspapier, New York: Russell Sage Foundation

Sassen, Saskia (1994), »Wirtschaft und Kultur in der globalen Stadt«, in: Bernd Meurer (Hg.), *Die Zukunft des Raums*, Frankfurt – New York

Sassen-Koob, Saskia (1980), »Immigrants and Minority Workers in the Organization of the Labor Process«, in: *Journal of Ethnic Studies* 8 (Spring), S. 1-34

Sassen-Koob, Saskia (1982), »Recomposition and Peripheralization at the Core«, in: *Immigration and Change in the International Division of Labor*, San Francisco, S. 88-100

Sassen-Koob, Saskia (1984), »The New Labor Demand in Global Cities«, in: M. P. Smith (Hg.), *Cities in Transformation*, Newbury Park/CA, S. 139-171

Savich, H. (1988), *Post-Industrial Cities*, Princeton/NJ

Sayer, Andrew, Richard Walker (1992), *The New Social Economy: Reworking the Division of Labor*, Cambridge/MA

Sclar, Elliott D., Walter Hook (1993), »The Importance of Cities to the National Economy«, in: Henry G. Cisneros (Hg.), *Interwoven Destines: Cities and the Nation*, New York

Scott, Allen J. (1988), *Metropolis: From the Division of Labor to Urban Form*, Berkeley

Scott, Allen J., Michael Storper (Hg.) (1986), *Production, Work, Territory*, Boston

Sennett, Richard (1991), *Civitas. Die Großstadt und die Kultur des Unterschieds*, Frankfurt a. M.

Sheets, R. G., S. Nord, J. J. Phelps (1987), *The Impact of Service Industries on Underemployment in Metropolitan Economies*, Lexington/MA

Siebel, W. (1984), »Krisenphänomene der Stadtentwicklung«, in: *arch + d* 75/76, S. 67-70

Silver, H. (1984), »Regional Shifts, Deindustrialization and Metropolitan Income Inequality«, presentend at the Annual Meeting of the American Sociological Association, San Antonio/Texas

Singelmann, J. (1974), »The Sectoral Transformation of the Labor Force in Seven Industrialized Countries, 1920-1960«, Ph. D. Dissertation, University of Texas

Singelmann, J., H. L. Browning (1980), »Industrial Transformation and Occupational Change in the U. S., 1960-1970«, in: *Social Forces* 59, S. 246-264

Sklair, Leslie (1985), »Shenzhen: A Chinese ›Development Zone‹ in Global Perspective«, in: *Development and Change* 16, S. 571-602

Smith, Carol A. (1985), »Theories and Measures of Urban Primacy: A Critique«, in: M. Timberlake (Hg.), *Urbanization in the World-Economy*, Orlandon/FL

Smith, M. P., J. R. Feagin (1987), *The Capitalist City: Global Restructuring and Territorial Development*, London

Smith, N., P. Williams (1986), *Gentrification of the City*, Boston

Sonobe, M. (1993), »Spatial Dimension of Social Segregation in Tokyo: Some Remarks in Comparison with London«, paper presented at the meeting of the Global City Project, Social Science Research Council, New York 9.-11. März

Stanback, T. M., Jr., P. J. Bearse, T. J. Noyelle, R. Karasek (1981), *Services: The New Economy*, Montclair/NJ

Stanback, T. M., T. J. Noyelle (1982), *Cities in Transition: Changing Job Structures in Atlanta, Denver, Buffalo, Phoenix, Columbus (Ohio), Nashville, Charlotte*, Montclair/NJ

Stimson, Robert J. (1993), »Process of Globalization and Economic Restructuring and the Emergence of a New Space Economy of Cities and Regions in Australia«, presented at the Fourth International Workshop on Technological Change and Urban Form: Productive and Sustainable Cities, Berkeley/CA 14.-16. April

Stopford, John M. (Hg.) (1992), *Directory of Multinationals*, London

Stren, R. E., R. R. White (1989), *African Cities in Crisis: Managing Rapid Urban Growth*, Boulder/CO

Susser, Ida (1982), *Norman Street, Poverty and Politics in an Urban Neighborhood*, New York

Teresaka, Akinobu u. a. (1988), »The Transformation of Regional Systems in an Information-oriented Society«, in: *Geographical Review of Japan* 61 (1), S. 159-173

Thomas, Margaret (1983), »The Leading Euromarket Law Firms in Hong Kong and Singapore«, in: *International Financial Law Review* (Juni), S. 4-8

Thrift, N. (1987), »The Fixers: The Urban Geography of International Commercial Capital«, in: J. Henderson/M. Castells (Hg.), *Global Restructuring and Territorial Development*, London

Timberlake, M. (Hg.) (1985), *Urbanization in the World-Economy*, Orlando/FL

Todd, Graham (1993), »The Political Economy of Urban and Regional Restructuring in Canada: Toronto, Montreal and Vancouver in the Global Economy, 1970-1990«, Ph. D. Dissertation, Department of Political Science, York University, Toronto

Toulouse, Christopher (1992), »Thatcherism, Class Politics and Urban Development in London«, in: *Critical Sociology* 18 (1)

Trejos, J. D. (1991), »Informalidad y Acumulación en el Area Metropolitana de San José, Costa Rica«, in: J. P. Perez-Sainz/R. Menjivar Larin (Hg.), *Informalidad Urbana en Centroamerica: Entre la Acumulación y la Subsistencia*, Caracas

Tribalat, M., J.-P. Garson, Y. Moulier-Boutang, R. Silberman (1991), *Cent Ans d'Immigration: Etrangers d'hier, Français d'aujourdh'hui*, Paris

United Nations (1992), *World Investment Report 1992: Transnational Corporations as Engines of Growth*, New York

United Nations Centre on Transnational Corporations (UNCTC) (1991), *World Investment Report: The Triad in Foreign Direct Investment*, New York

United Nations Centre on Transnational Corporations (UNCTC) (1992), *The Determinants of Foreign Direct Investment: A Survey of the Evidence*, New York

United Nations Conference on Trade and Development (UNCTD), Programme on Transnational Corporations (1993), *World Investment Report 1992: Transnational Corporations and Integrated International Production*, New York

United States Department of Commerce, Office of the U. S. Trade Representative (1983), *U. S. National Study on Trade in Services*, Washington/DC

United States Department of Commerce (1985), *U. S. Direct Investment Abroad: 1982 Benchmark Survey Data*, Washington/DC

United States Department of Commerce (1992), *U. S. Direct Investment Abroad: 1989 Benchmark Survey, Final Results*, Washington/DC

van den Berg, L., R. Drewett, L. H. Klaassen, A. Rossi, C. H. T. Vijverberg (1982), *Urban Europa: A Study of Growth and Decline*, Oxford

Vidal, Sarah, Jean Viard u. a. (1990), *Le deuxième Sud, Marseille ou le Présent incertain*, Arles

Vieillard-Baron, Hervé (1991), »Le Risque du Ghetto«, in: *Esprit* (Februar), S. 14-22

Walter, I. (1989), *Secret Money*, London

Walters, Pamela Barnhouse (1985), »Systems of Cities and Urban Primacy: Problems of Definition and Measurement«, in: M. Timberlake (Hg.), *Urbanization in the World-Economy*, Orlando/FL

Wentz, Martin (Hg.) (1991), *Stadtplanung in Frankfurt: Wohnen, Arbeiten, Verkehr*, Frankfurt a. M. – New York

Werth, M., H. Korner (Hg.) (1991), »Immigration of Citizens from Third Countries into the Southern Member States of the European Community«, in: *Social Europe* Supplement 1/91, Luxembourg

Whiteman, J., J. Kipnis, R. Burdett (1992), *Strategies in Architectural Thinking*, Chicago

WIACT (Workers' Information and Action Centre of Toronto) (1993), »Trends in Employee Home Employment«, vervielf. Manuskript, Toronto

Wigley, M. (1992), »Untitled: The Housing of Gender«, in: Beatriz Colomina (Hg.), *Sexuality and Space*, Princeton, S. 327-390

Wihtol de Wenden, Catherine (Hg.) (1988), *La Citoyenneté*, Paris

Willoughby, K. W. (1990), *Technology Choice*, Boulder – San Francisco

Wilson, W. J. (1987), *The Truly Disadvantaged: The Inner City, the Underclass and Public Policy*, Chicago

World Bank (1991), *Urban Policy and Economic Development: An Agenda for the 1990s*, Washington

Yamanaka, Keiko (1991), »Asian and Latin American Workers in Japan: Should Japan Open the Unskilled Labor Market«, Department of Sociology, Grinnell College, Grinnell/IA

Zelinsky, Wilbur (1991), »The Twinning of the World: Sister Cities in Geographic und Historical Perspective«, in *Annals of the Association of American Geographers* 81 (1), S. 1-31

Die Abbildungen wurden entnommen:

Bastié, Jean (1984), *Géographie du Grand Paris*, Paris

Bourne, Larry S. (Hg.) (1982), *Internal Structure of the City*, New York – Oxford

Brake, Klaus (1988), *Phönix in der Asche – New York verändert seine Stadtstruktur*, Oldenburg

Gaebe, Wolf (1987), *Verdichtungsräume. Strukturen und Prozesse in weltweiten Vergleichen*, Stuttgart

Kistler, Helmut (Hg.) (1990), *bsv. Oberstufen-Geographie. Der asiatisch-pazifische Raum*, München

Kolb, Albert, Gerhard Overbeck (Hg.) (1986), *Beiträge zur Stadtgeographie II. Städtesysteme und Verstädterung in Übersee*, Stuttgart